HERDEIROS DA INCERTEZA

Luiz Galdino

Herdeiros da Incerteza

4ª Edição

DeLeitura

Capa:
João Baptista da Costa Aguiar

Revisão:
Luiz Roberto Malta
Jurema das Neves Maurell

DeLeitura Editora e Comércio Ltda.

Rua Teixeira Pinto, 55
04503-060 – São Paulo – SP
Fax: (11) 3887.3540
E-mail: deleitura@snet.com.br

Catalogação na Fonte do Departamento Nacional do Livro

G149h
Galdino, Luiz, 1940 -
Herdeiros da Incerteza / Luiz Galdino.
- São Paulo : DeLeitura, 1999.
116p. ; 14 x 21cm.

ISBN 85-86418-08-0

1. Literatura infanto-juvenil. I. Título.

CDD-808.899282

Para Juliana e Mariana,
com carinho.
Por uma sociedade
mais justa.

ÍNDICE

RETRATO EM PRETO E BRANCO

Visto de fora, o batente da janela lembrava a moldura de um quadro torto. Na tela de fundo escuro, haviam pintado um mulatinho magro, sem camisa, de olhos acesos, dentes alvos e salientes. A chuva respingando do telhado tornava o modelo ainda mais tristonho.

No interior do barraco, a composição era outra. Na cozinha, a mãe pelejava para manter o fogo aceso, desviando com o auxílio da tampa os grossos pingos que se despejavam pelas goteiras do zinco furado. Às vezes, dava a impressão de que chovia mais dentro do que fora.

Examinou com o rabo do olho a menina e os dois pequerruchos, encolhidos no canto. Eram passarinhos que não sabiam voar, pipiando de bicos abertos, à espera de que a mãe lhes oferecesse alimento. Os olhinhos miúdos e pidonhos acompanhavam-na por onde ia.

A mulher deixou a tampa de lado por um momento, pegou uma lata vazia na prateleira de caixotes, e voltou ao fogão. Então falou, quase gritou, sem tirar os olhos da panela:

– Dico! Oi, Dico!

– Oi, mãe – atendeu o garoto, encorujado na janela.

– Você botou a bacia em cima da cama?

A voz soou meio desafinada; ele respondeu, confirmando:

– Botei.

– E na goteira da sala?

– Puxei a mesa.

O garoto respondeu virando apenas a cabeça, de modo que sua voz chegou meio apagada à cozinha. Sem saber se o filho entendera, ela insistiu:

– Precisa botar a lata pra não molhar o chão.

– Já botei, mãe.

– Botou?

Finalmente, ele recuou e virou a cabeça para dentro, tentando se fazer entendido.

– Botei, mãe! Não tá ouvindo o barulho da lata?

A mulher destampou a panela, atirou dentro uma colherada de sal e tampou de novo.

– Seu pai vai se molhar... – comentou ela. E, sem resposta, continuou: – Eu disse que ia chover, mas o Ado é pior que mula quando empaca.

Cansado de ouvir a ladainha repetida diariamente, o garoto desinteressou-se. Acaso o pai era criança? Quanta preocupação besta! Ele devia estar bem-protegido em algum canto, esperando a chuva passar.

Se chovesse até a noite – ah, aí, sim – complicava. O pai teria de vir debaixo de chuva mesmo. Passaria a noite tossindo e a dor no peito atacaria, de novo.

Quem sabe, teria arranjado emprego? Não estava fácil, é verdade. E que tipo de serviço havia de fazer agora que estava ruim do peito? Tião de Sofia havia convidado pra carregar sacaria na zona cerealista. Serviço de pedreiro também tinha. Mas o pai não podia fazer força por causa da doença.

Chilape-chilape-chilape. A mãe passou batendo os chinelos, rente às suas costas.

– Tomara que seu pai tenha conseguido emprego. Já não sei com que santo me apegar.

Quando a mãe falava em trabalho ou o pai se lamentava pela doença, Dico sentia uma pontada incômoda no peito. Uma faca de ponta cutucava sua pele escura. Sentia-se culpado – ou era vergonha? – por não conseguir ajudar mais do que fazia.

De vez em quando, lhe ocorria que o pai nunca mais conseguiria emprego. Pensava naquilo e a dor doía no peito. Mas também podia acontecer o contrário. O pai não era nenhum burro. Sabia ler, escrever e falava bem. Sempre trabalhara com carteira assinada.

O espanhol do ferro-velho, seu Ugalde, pensava diferente. Dizia que o pai era uma besta. Que tinha direito a pensão e aposentadoria. Seu Ferreira, o português da quitanda contrariava. Dizia que não tinha direito porque o pai ficara doente, quando já estava desempregado.

– Que seja! Estava fora, mas adoeceu por causa das condições de trabalho que tinha! – turrava o espanhol, para o qual nenhum patrão prestava.

O pai andava mexendo com esse negócio de Previdência. Ia todo dia ao instituto não sei das quantas e voltava sem conseguir falar com ninguém. A fila era sempre muito comprida, jamais conseguia entrar. Ele sofrera indo e vindo até que Sofia lhe dera um bilhete para entregar a um fulano.

Sofia é funcionária pública, conhece Deus e todo mundo. Muita gente na favela achava que era conversa fiada, não era, não. O pai levou o bilhete de apresentação e foi atendido sem fila. Mas não adiantou muito, a má notícia chegou mais depressa.

O sujeito do posto, que era amigo da vizinha da favela, revirou a carteira de trás pra diante, de cima para baixo, e disse que o caso era complicado. Não tinha direito. Sofia quis dar outro cartão para um deputado, ele refugou.

– Não, dona Sofia, não precisa, não.

E, em casa, diante da incompreensão da mulher, alteou:

– Não quero amolar ninguém nem me amolar mais!

Nem era tanto pela amolação. Mais tarde, ele confessou. Tinha vergonha de requerer aposentadoria, pois se sentia moço. Podia muito bem continuar trabalhando. O que faria com tanto tempo ocioso? Ia ficar no bar da favela, tomando cerveja e jogando dominó? Deus me livre!

– Era só o que faltava: viver de esmola!

A mãe desgostara do jeito e rebateu:

– Orgulho não enche barriga, não, Ado. Você tem mais é de pensar nos filhos.

– Se sustentei até hoje, hei de sustentar daqui pra frente! Não fiquei aleijado!

Quando repetiu a história para o espanhol, o homem ficou roxo de raiva:

– Pois o senhor, com todo respeito, é mesmo uma besta! Aposentadoria não é favor nem esmola!

Desgostoso por ouvir o que não queria, deixou o homem do ferro-velho falando sozinho e foi para casa.

– Ô, gente enxerida!

Como podia ele, com aquele cara de saúde, entrar na fila no meio de um monte de velhos doentes e aleijados, e receber o resto da vida sem trabalhar? Em vez de perder tempo na fila, tinha era de procurar trabalho.

– Mais vale quem Deus ajuda!

A mulher era religiosa, mas ficou nem lá nem cá:

– Será?

ATENÇÃO AOS URUBUS

– Consegui, mulher! Consegui! O chefão mandou voltar amanhã com a carteira de trabalho e chapa do pulmão.

– Chapa do pulmão? – indagou a mulher, prevendo o pior.

– Vai me registrar como apontador de obra – continuou o marido, se fazendo de surdo. – O sujeito percebeu que eu sou bom de leitura e de escrita.

A mulher mastigou devagar o que nem tinha na boca e insistiu no ponto:

– E a chapa do pulmão?

– O que tem? Em qualquer esquina tira!

– Você tá doente, homem!

– Serviço de apontador não precisa de pulmão bom.

Se fosse levantar peso, vá lá.

– Ado, você devia se tratar.

Dia seguinte, gastou dinheiro, levou tudo e não aceitaram. O chefão mandou-o tratar-se porque tinha mancha no pulmão. O pai virou onça, queria agarrar o sujeito pelo pescoço. Não fosse um auxiliar de obra acudir, acabava fazendo besteira. E o peão explicou que o chefe tinha razão, que era lei. Não podia contratar.

– Quem é que pode com um trem desse? Apontador de obra tem de apontar, não tem de carregar peso! O sujeito não foi com a minha cara, só pode ser isso!

A mãe passou novamente às suas costas. Torcia um pano sujo entre as mãos.

– Nada ainda do seu pai?

O garoto ignorou na primeira vez. Na volta, ela repetiu a pergunta, ele respondeu, lacônico:

– Nada.

Ela tornou à cozinha, resmungando. Resmungava sempre que discordava de algo. Era sua maneira de discutir com o pai. E com o mundo.

– Onde ele terá se metido?

Na janela, de olho nas luzes da cidade, Dico pensava que faltavam apenas dois anos para completar catorze. Então poderia tirar carteira de trabalho e procurar emprego. Até lá, teria de se contentar com os bicos que fazia.

Quando chovia, não adiantava nem sair. Tomava chuva e não conseguia nada. Tinha vez que não tirava nem pra condução. Precisava voltar a pé, cansado e molhado. E de quebra ouvia xingação da mãe.

– Já não chega um doente em casa? Tá querendo pegar pneumonia igual ao seu pai, tá?

Cansado, molhado, sem dinheiro e com fome, podia responder o quê? Melhor enfiar a viola no saco, como dizia a mãe, e se conformar. Mas não se conformava. Detestava ficar em casa. E com aquele tempo chuvoso ficava ainda pior. Olhava pra fora e via tudo triste. E, se olhava pra dentro, a tristeza se transformava em desânimo.

Todo fim de ano acontecia igual. Como se não bastassem tantos problemas, vinham as chuvas, que estragavam os negócios e poderiam provocar estragos ainda mais sérios. Se chovesse muito, o rio estufaria até vazar e as águas sujas da enchente inundariam o terreno e os barracos. Houve ano de precisar levantar de madrugada e carregar as coisas nas costas.

Quem tinha parente ou amigo no seco, pedia pouso por uns tempos. Quem não tinha ficava na rua da amargura, até que o rio tornasse à sua cova. Se viesse enchente, pra onde iriam? Quem ofereceria pouso a uma família de seis pessoas? Não queria nem pensar. Observava o rio à distância, semi-encoberto pelo mato sujo, as águas malcheirosas se acumulando. E com os dedos cruzados dentro do bolso, repetia a mágica:

– A chuva é fraca, o sol é forte. A chuva é fraca...

O céu havia escurecido. Mais um dia perdido, a não

ser que o pai trouxesse boa notícia. Emprego estava difícil, mas podia arranjar algum bico, que provesse os trocados para a comida pouca de todo dia. Pensava sem tirar a atenção do rio. Os dedos ainda dobrados em figa, ele pedia mentalmente para que não chovesse, para que o rio não enchesse além da conta e que o sol brilhasse bonito no dia seguinte.

O dia estava perdido, tinha de pensar no amanhã. O que fazer? No ponto do limão não podia voltar. Nem pensar. O Zezão lhe meteria uns bons cascudos nas orelhas, se não lhe tomasse as roupas. No cata-lixo, tinha futuro nenhum. Na dura concorrência, precisava brigar por latas e garrafas. Pra quê? O espanhol pagava uma miséria que mais valia não fazer nada. Sem falar da ânsia que dava mexer no lixo fresco.

– Como é que urubu atura uma coisa dessas?

Não conseguia atinar como os bichos agüentavam comer tanto, da manhã à noite, bicando sem cansar, indiferentes à presença das pessoas. Já não se assustavam com nada. Quando faltar o lixo, talvez invadirão os barracos pra garantir o banquete e a sobrevivência.

Os urubus andavam tão atrevidos que o aparente absurdo bem podia se tornar realidade. Os barracos estavam plantados tão próximos à montanha de lixo, que os urubus deviam imaginar tudo aquilo como domínios deles. Ouvira nunca dizer que os bichos carniceiros atacassem gente, porém a quantidade cada dia maior impressionava. Sem falar na vantagem que eles levavam: enquanto a gente passava dias sem comer, eles comiam até fartar.

O ventinho soprou do lado da cidade, trazendo até a janela o cheiro de água podre do rio morto. Não sabia o que era pior: se o cheiro do rio ou o fedor do lixo. Nenhum era bom, mas diferiam. Com o tempo, aprendiam a identificar odores e procedências.

Bom mesmo seria sair da favela. Mas como, para onde? Se no tempo que o pai trabalhava, não dava conta, de pagar aluguel e comer, agora, sem emprego, como havia de ser? Tinha amigos que o achavam fresco, metido a besta, só porque não gostava daquilo.

– E alguém gosta daqui? Quem é que não gostaria de morar numa casa lá na rua?

Na verdade, estranhava porque algumas pessoas da favela se diziam satisfeitas de ali viver. Dequinha, por exemplo, batia o bico, dizendo que o pai e a mãe moravam ali porque gostavam. Se quisessem, saíam da favela.

– Eu acho que, se pudessem, eles tinham saído.

– Não sai por que não quer. Meu pai tá empregado de segurança no banco e ganha bem. Até já comprou carro.

O que ele chamava de carro era um fusquinha azul todo baleado, que só andava com reza brava. E, por falar em carro, tinha o Alemão. Ele concordava que favela não dava futuro pra ninguém, mas não ia trabalhar pra comprar ingresso no mundo bonito, não. Ia subir na vida, ter carro, casa com piscina, roupas e mulheres bonitas, mas sem se desgastar.

– Ô, cara, você acredita em milagre, é?

O Alemão nem olhou pro cara. Firmou a mão no chão e girou o corpo no alto, batendo forte com o pé. O rabo-de-arraia perfeito acertou no queixo do intrometido.

– É assim que vou ficar por cima, otário. O que não me derem eu tomo na mão grande. Entendeu?

O moleque enxerido botava sangue pelo nariz, ele agarrou pela gola da camisa e explicou:

– Presta atenção, boneco ... Enquanto existir trouxa, o milagre acontece. Entendeu, agora?

O pai do Dequinha, que é segurança no banco, vive dizendo que o Alemão não vai longe.

– Não dou um ano e ele sai daqui pra Febem. E de lá pro Carandiru, se viver tanto.

Alemão soube do buchicho, mandou recado pelo filho:

– Seu pai é um tremendo bola murcha! Vai morrer puxando saco do patrão e defendendo dinheiro que não é dele.

– O sujeito não dá um centavo em casa. Disse que anda guardando dinheiro pra comprar uma máquina.

– Máquina? Que tipo de máquina?

– Aquele tipo que cospe azeitona na testa de otário.

O vento do final de tarde começou a soprar frio. Dico sentiu o couro arrepiar e, logo em seguida, espirrou. Imediatamente a mãe botou a cara na passagem da cozinha para a sala:

– Menino, vai botar a camisa! Já não chega um doente, não? Pneumonia mata!

Não sabia se pneumonia matava. Sabia que o Alemão estava com os dias contados. Era o que o pai do Dequinha dizia.

RECEPÇÃO CALOROSA

Dico procurou a lata onde a chuva pingava espaçadamente, virando um ritmo monótono. Na obscuridade, percebeu que a lata se havia enchido e a água já encharcava o chão de tábuas. Desajeitado, não conseguia levantar a lata pesada, que tombou de lado, atirando muita água fora. Então jogou o resto pela janela.

Sentiu o frio que vinha do rio e afastou-se rápido. Repôs a lata no lugar e se afundou em direção ao quarto. Sobre a cama de casal desarrumada, havia um monte de roupa por passar. Virou, mexeu, achou e vestiu a camisa descosturada debaixo do braço, o sovaco à mostra.

No prego da parede, pegou uma blusa de manga comprida. Enfiou pela cabeça, a peça ficou mal-ajambrada porque o defunto era maior. Dobrou as mangas desfiadas, três vezes, uma volta sobre a outra, e a aparência melhorou muito pouco.

Quando chegou à cozinha, o pai acabava de entrar. Adivinhou pela cara que ele não havia encontrado trabalho. E a mãe interrogava sobre as andanças, sem dar tempo de ele se aprumar.

– Ado, onde você andou até essa hora?

Ele devolveu a pergunta sem se alterar:

– E onde havia de andar? Procurando trabalho!

– E achou? – perguntou ela, de mãos na cintura, como se falasse com um dos filhos.

Ela sabia a resposta, mas perguntava. Queria ouvir da boca do marido com todas as palavras. Ele atendeu, com um gesto de desânimo, deixando cair o corpo sobre o banco de madeira:

– Achei nada. Tá difícil.

A mãe só esperava por isso.

– Então por que não veio pra casa, hein? Precisava tomar chuva? Precisava?

– Quem disse que eu tomei chuva? – perguntou ele, examinando os braços da camisa.

– Não tomou, não?

– Fiquei encostado num canto de galeria.

– Ah, e você chegou até aqui, passando de galeria em galeria, não foi isso? – ironizou ela.

Ele levantou a cabeça, olhou o teto disputado por aranhas e lagartixas. Em seguida, dirigiu-se à esposa, desanimado:

– O que você queria, Geralda? Que passasse a noite na cidade, esperando a chuva parar?

– Eu avisei que ia chover, mas você fez que não ouviu! É teimoso feito uma mula velha!

– No verão, chove todo dia. Se tiver de esperar por tempo bom, não saio de casa.

Levantou-se, caminhou até o fogão, destampou a panela e observou com indiferença. A mulher acompanhou o movimento e avisou:

– É pirão de farinha com caldo de carne.

– Essa criançada precisava comer melhor – comentou ele, balançando a cabeça.

– Tem gente que nem isso come! – devolveu ela. E, como o marido não falasse, tornou à panela, papagueando: – A gente tem de dar graças a Deus. O pirão enche a barriga e esquenta o corpo.

A caminho do quarto, o marido divergiu:

– Tem de dar graças quem está empregado.

Finalmente, a mulher mudou de tom:

– Não há de ser nada. Você ainda arranja serviço. Vai ver.

– Não tá fácil, não. Não tá fácil.

Dico perdera a conta de quantas vezes ouvira o pai repetir a expressão. E o desamparo no rosto se repetia igual, dia após dia, desde que perdera o emprego. Trocou então o pé de apoio e se intrometeu:

– Pirão de farinha é gostoso, pai. O Janinho gosta, o Juscelino e a Fatiminha.

O pai fez menção de virar-se para o filho, mas desistiu. Calado, manteve o rosto escondido. Quem tornou à carga foi a mãe, que não perdia oportunidade:

– Ado, você não veio do quarto? O que tá esperando pra tirar essa roupa úmida, hein?!

– Pois é, fui ao quarto pra trocar, acabei esquecendo.

– Pra que trocar... Você ainda tem um pulmão bom, não é? – voltou a ironizar a mulher. – Ado, às vezes, eu tenho a impressão que você me dá mais trabalho que as crianças.

A mulher estava de costas; ele se levantou, experimentando a roupa molhada com as costas da mão. A caminho do quarto, passou a mão na cabeça do filho e cochichou:

– A sua mãe me adora.

LIXO É DINHEIRO

Finalmente, um dia de verão. Verão de verdade. Desde cedo que o sol esbanjava calor. Dico levantou-se e tomou chá. Dia bom pra ganhar uns trocados, pensou, de olho no buraco da janela. Nem uma nuvem, nenhum cheiro de chuva.

– Mãe, dá dinheiro pra condução?

– Dinheiro da condução seu pai levou. Onde você pensa que vai, hein?

– Vou pra cidade, faturar uns trocados.

– Seu pai me deixou a zero... A não ser que a Sofia pague a conta da roupa.

– Eu podia levar na casa dela...

– Também não ia adiantar. Ainda falta passar um bocado.

Pensando bem, seria pura perda de tempo. Quantas vezes fora entregar roupa para a mulher e quantas ela havia pago? Nunca. Achava que ela desconfiava. O fato é que deixava pra pagar sempre na mão da mãe.

Uma pena perder um dia daqueles.

– Não dá pra pedir emprestado? Pra Iracema...

– Seu pai não quer que peça nada. Muito menos pra Iracema, que nega e ainda conta pra todo mundo.

O pai era mesmo orgulhoso. A troco de quê? Todo mundo vivia pedindo uma pitada de sal, uma xícara de açúcar e dinheiro, naturalmente. Um trocado pra condução, não sei quanto pra completar o gás e mais tanto pra prestação. Não entendia o pai. Ele vivia ali, conhecia todo mundo, devia nada pra ninguém, mas não admitia que pedissem nada.

– O caminhão do lixo já passou?

– Não reparei. Acho que não – retrucou a mãe.

Menos mal. Quando o caminhão passasse, correria até o lixão. Lata vazia não faltava. Talvez até algumas garrafas e objetos de valor. No final da vadiação, salvaria pelo menos o dinheiro da condução. O diabo é que pegaria o fim da feira. E ele tinha experiência no assunto. Gente que deixava pra comprar no final, estava a fim de pechinchar, não pagava carregador, não.

Vadiou por entre os barracos, foi até a beira do rio ver a draga trabalhar. Era capaz de repetir todos os movimentos do operador sem erro. Se deixassem, entrava na cabina e dirigia aquela geringonça.

Cobriu a grama molhada com um pedaço de papelão e sentou em cima. Ficou mais de hora, ouvindo o toque-toque e o pufe-pufe do motor. E nada de o caminhão passar. Pelo jeito, o lixo atrasara. Tudo errado. Devia ter levantado de pé esquerdo. Era Sofia quem dizia quando as coisas saíam erradas.

– Só faltava o caminhão de lixo não passar!

Pensou consigo mesmo e confirmou a desconfiança, quando o motor da draga parou. Aquilo era mais pontual que relógio de fábrica. Às onze e meia o maquinista desligava para almoçar. Sem o menor atraso, nem um segundo a mais.

Ficou observando o ritual conhecido, sem se mexer. O operador desligava a máquina, pegava a marmita e vinha para fora, comer sob uma coberta. E como comia! Ficava pelo menos meia hora seguida batendo colher e carregando até a boca. Depois que raspava o fundo, metia a mão no saco de papel e começava a descascar laranjas. Uma, duas, três, quatro, meia dúzia. De vez em quando, atirava uma na sua direção.

Sentindo fome, foi para casa. A mãe repreendeu:

– Não tá com a barriga cheia, não? Pra sumir desse jeito pensei que tivesse ido comer no restaurante.

– O caminhão do lixo não passou, não? – disfarçou ele.

– Se passou, não me avisou! Pegue o seu prato e vá comer! Anda! Tem arroz com farinha e molho.

– Aquele molho de novo?

– Se não gostar, pode ir comer no hotel.

Aquele molho tinha história. Haviam comido carne há uma semana ou quase. O resto servira para dar um gostinho especial na sopa. E o resto do resto vinha se multiplicando há dias na produção do molho milagroso.

Pegou um prato esmaltado, encheu com o que havia e tratou de achar uma beira no banco tomado pelos irmãos pequenos.

– Seus irmãos já comeram. Sabe o que vai acontecer agora? Eles vão ficar de olho comprido no seu prato.

Dico observou os pirralhos com o rabo do olho e iniciou a operação, misturando a farinha ao arroz com molho. Segurando os pratos vazios nas mãos, os pequenos observavam impassíveis. Nem piscavam. A mãe trouxe o caldeirão pra perto, na outra mão segurava a concha.

– Tem feijão? – interrogou Dico, os olhos brilhando.

– Feijão nem pra remédio! O que tem aqui é um caldinho de nada... Água com gordura pra tapear as crianças.

Dico batia a colher com entusiasmo, uma após outra. Sentia nem o gosto de comida. Quando reconheceu o ronco preguiçoso do caminhão, largou o prato e a colher sobre o banco, disparando pela porta afora. E não se enganou, era lixo novo. A esperança da redenção, dos trocados para o ônibus.

– Menino, acaba de comer! – pediu a mãe, junto ao

varal, as mãos brigando com roupas e pregadores. Sem resultado, gritou: – Olha lá o que você vai aprontar, hein?!

O garoto saiu aos pulos, ignorando os apelos. Em pouco, já balançava, dependurado na traseira do veículo, que sacolejava nas poças, espirrando lama fétida nas roupas. Um pouco mais e teria a recompensa. O espanhol sempre lhe daria o dinheiro da condução, por menos que conseguisse catar. Seu Ugalde era um bom sujeito.

BOM CABRITO NÃO BERRA

Bem dizia a Sofia: quando não é o dia, urubu de baixo é capaz de sujar no de cima. Ao chegar no terreno baldio, o lugar estava tomado pela molecada. E, para completar, há muito não via um lixo tão pobre. Tudo que conseguiu foram quatro garrafas, que não renderiam nem a passagem do ônibus. Se o espanhol não estivesse nos bons dias...

No ferro-velho, esperou pacientemente que o homem atendesse o sujeito com a carroça de papelão. Quando o carroceiro se retirou, apresentou as garrafas:

– O lixo não tava muito bom hoje...

– Então é melhor esperar e juntar com o material de amanhã – propôs o comerciante.

– Eu... Eu preciso do dinheiro pro ônibus.

– Isso não dá pro ônibus – tornou o homem mal-humorado. – Você tem algum guardado?

– Não ... Não, senhor.

De olhos pregados no chão, Dico viu o espanhol enfiar a mão no bolso da calça e tirar os trocados.

– Está bem. Você leva o do ônibus... Amanhã, completa.

– Amanhã, eu acerto, seu Ugalde.

O trânsito estava ruim. O ônibus não saía da primeira. Acelerava, andava um pouco e parava. O motorista pisava no freio e a carroceria tremia. Através do vidro, Dico observava a paisagem conhecida, as casas vistas e revistas quase diariamente. E, agora, fazia o quê? Perdera o movimento das feiras livres. Só restavam os limões do Zezão. E ele ia perdoar? Era mais fácil um burro voar, como dizia a mãe.

Zezão dirigia o rendoso negócio do limão. Trazia o saco cheio na camioneta, depois repartia em dúzias nos saquinhos e entregava as cotas para os pivetes. Tinha mais de vinte vendedores e todos vendiam bem. Ele encostava o veículo numa travessa de pouco movimento, debaixo de uma árvore, pra não esquentar a cabina, e ficava lá ouvindo rádio o dia inteiro.

Vida boa! Às vezes, dormia. Outras, ia ao bar tomar cerveja pra refrescar. Não precisava ajudar porque vender limão é mais fácil que dar rasteira em criança. E cada saquinho vendido, dez mangarotes pro bolso. Dico vendia dez e mais dez sacos. Uma nota de comissão.

Nos primeiros dias, por fora do segredo, vendera pouco. Sempre surgia alguém à sua frente, enfiando o saco na janela do freguês. O motorista pechinchava até chegar no preço certo e pagava. Quando em vez, um malandro dava marcha no carro e se mandava com os limões sem pagar. Dico abriu os olhos, fez igual. E foi assim que começou a chover na sua horta.

Vendia sua cota de dez, outros dez e mais alguns. E ainda ganhava na diferença, porque, se o comprador pechinchava pouco, vendia acima do preço ditado pelo Zezão. A pivetada fazia igual. De maneira que vendia por cima mas acertava por baixo, pelo preço combinado. E, naturalmente, recebia a comissão.

O freguês só levava a pior se quisesse. Se pechinchasse, chegaria no preço do Zezão. E ele vendia igual. Estava bonito na parada. Com o que ganhava, tomava sorvete, guaraná, comia sanduíche e ainda sobrava pro café ou açúcar em casa. Na pior das hipóteses sempre salvava o pão com margarina em casa.

– O mundo é feito de muita inveja!

Era Sofia quem dizia e tinha razão. Quem sente na pele, aprende e não esquece. Tonico era o maior da turma, com passagem até pela Febem. Daí que tinha mania de querer mandar. Falava grosso e os outros obedeciam. O tal ficava só de butuca. Quando percebia que dava pé, chegava empurrando e vendia o seu limão. Então quem era vivo ficava longe porque ele não amaciava mesmo.

Durante algum tempo, Dico conseguiu driblar o moleque e vender mais. O outro, porém, ficava na sua marcação e, por qualquer coisinha à toa, vinha de topete armado, querendo brigar. Chegou a rasgar um saco do concorrente, mas continuou perdendo nas vendas. Aí, o sacana não se agüentou e dedurou a transa. Na maior cara de pau, acusou Dico do que ele mesmo e todos os outros faziam. E ninguém defendeu. A pivetada olhava pro Tonico, pro Zezão e engolia a língua.

Não teve perdão. Zezão pegou o garoto pelo braço e tirou-lhe todo o dinheiro do bolso. Contou quanto tinha vendido, passou uma comissão bem pequena e guardou o resto.

– Espertinho, hein?... Isso é pra aprender a não tirar do patrão nem do freguês! Não vê que estraga o negócio?

Estragava nada. Todos faziam igual e ele sabia. Aproveitou-se da situação porque era sovina. Dico pensou em pedir ao pai que fosse tirar satisfações, mas pensou melhor e desistiu. Zezão era um sujeito vermelhão de quase dois metros de altura e cinqüenta quilos em cada braço. O que o pai, doente do pulmão, conseguiria senão passar vergonha?

– Bom cabrito não berra! – dizia o marido da Sofia.

O mundo dava muita volta, de modo que bastava esperar pra dar o troco. Bater o pé e fazer pirraça é coisa de moleque. O que conta é grana e o Zezão havia de pagar pelo devido com juros. Até dinheiro seu, que trouxera de casa, entrara no rolo, por conta da confusão.

– Deixa estar jacaré... – pensou, não disse.

Voltou, no dia seguinte, de cara limpa, como se realmente houvesse errado e no depois se arrependesse. Zezão distribuía os saquinhos. Quando percebeu a presença, ainda achou de fazer graça.

– Olha aí, gente! O espertinho voltou.

Alguns riram como bobos. Tonico desgostou. Sabia que mais dia menos dia o outro tornaria ao negócio e continuaria vendendo mais que ele. Cada vez que o visse, havia de recordar que batera com a língua nos dentes. E coisa pior que dedo-duro não existe. Qualquer um sabe.

– Zezão, prometo não fazer mais aquilo. Vou vender no preço que o senhor mandar.

– Não vai mais bancar o espertinho, não?

– Não, senhor. Eu prometo...

– Humm... Toma lá.

E passou cinco saquinhos.

– Só isso?

– Por enquanto, é só. Ou nada.

Vendia os cinco e ficava por ali rodeando, mas Zezão ignorava. Ele não chiou. Na segunda semana, já recebia cota de dez. E com pouco mais, tudo tornava ao normal. Um mês depois, achou que estava na hora. Levou os dez, outros dez e mais dez. O Zezão anotando tudo direitinho. Ele vendeu nada. Distanciou-se até o cruzamento seguinte, passou parte da mercadoria para um camaradinha acertado e tirou o time de campo.

Zezão virou bicho. Nem tanto pelo dinheiro, que ele ganhava muito, mas porque o pirralho lhe passara a perna. Isso não admitia. Tanto que prometeu:

– Se botar as mãos naquele fedelho, amasso-lhe a cabeça com as próprias mãos.

Dico nem ouviu. Vendeu os limões noutro ponto e ficou com tudo: capital e comissão. Em vez de cinqüenta, pagou cem mangarotes para o camarada que ajudara no transporte da mercadoria. Uma grana preta. Nunca havia visto tanto na mão. Naquele dia, entrou em lanchonete chique e gastou à solta. Só coisa de comer, nada de jogar pelo ladrão. A maior parte foi pra casa, no sustento de café e açúcar, farinha e latas de óleo.

Tivera de escorregar a grana devagar pra mãe não desconfiar. Se batesse com a mufunfa na mesa, o pai ia desconfiar, pensar bobagem. Exigiria explicação e a coisa ficaria preta. E, também, se precisasse mentir, não conseguiria. A mãe adivinhava, o pai não se enganava. E, por mais razão que tivesse, sabia de antemão que os dois desaprovariam o procedimento.

O pai exigia relatório completo para cada centavo descoberto no bolso da calça. Tinha de explicar tintim por tintim. E a mãe não se cansava da ladainha:

– Dico, olha lá com quem você anda... Não vai se meter em confusão, hein?

– Que é isso, mãe?! Eu quero distância de confusão.

– Ainda bem.

E o pai complementava, à sua maneira:

– Nome limpo vale tanto quanto dinheiro. Não se esqueça disso, meu filho.

– Pode deixar pai. Eu não esqueço.

O REI DA COCADA

Aquela hora, não havia mais o que fazer. Então resolveu dar uma banda pela avenida. Na praça, diante da estação do metrô tinha um sujeito que agenciava uns docinhos, balas, mentex e não sei que mais. Mixaria. Tinha de vender uns cinco dropes para tirar o da condução. Mas, enfim, antes pouco que nada.

Desceu na esquina e foi procurar pelo sujeito inutilmente. No seu lugar tinha um aleijado, vendendo cocadas. Não conhecia o sujeito, ficou olhando de longe. Então topou com um conhecido do tempo de vender pêssego. O sujeito estava de mãos abanando, sem vender nada.

– Dagô! Ei, Dagobé!

O sujeito estava chupando um picolé, virou-se muito assustado, quase deixou cair o sorvete. Demorou a perceber quem o chamara. Enquanto tentava reconhecer, Dico avançou:

– Sou eu, Dagobé, não lembra? O Dico ...

– Poxa, cara, isso é jeito de chamar a gente na rua, é?

– Qual é o problema?

– O problema é que as pessoas não precisam saber o meu nome. E do jeito que você gritou, a essas alturas eu devo estar conhecido até na China.

– Desculpe. Se eu soubesse que você não gostava...

O tal Dagobé fez menção de se botar a caminho, mas acabou parando. Só agora se dera ao trabalho de tentar reconhecer o outro.

– Você disse que é quem, mesmo?

– O Dico... Lembra?

– Dico?

– A gente vendeu pêssego junto ...

– Tinha de ser... Olha, eu não tô mais nessa, não. O que você tá fazendo na cidade?

Dico revelou sua situação. Havia se atrasado e perdera o movimento das feiras livres. Nem precisou contar dos limões, o outro sabia. Andara por lá uns tempos, mas Zezão o despachara por vadiagem. O garoto vendia o suficiente para um refrigerante, um sorvete e se mandava.

– É isso aí... Perdi o dia – resumiu Dico.

O outro não se importou muito, toda sua atenção estava voltada para a banca de cocadas.

– Vamos dar uma chegadinha ali na banca do aleijado.

Mal se aproximaram, o homem de chapéu enterrado sobre as orelhas interrogou:

– O que vai ser? É da branca ou da preta?

– Nem uma nem outra. Eu queria branca e preta, mas não tem – devolveu o Dagobé, com maus modos.

O homem encarou-o e disfarçadamente puxou a muleta de madeira, deixando-a à mão. Parecia mais desconfiado que passarinho na entrada da arapuca. O garoto fez que nem era com ele. Enfiou a mão no bolso e tirou uma cédula presa entre os dedos. Então perguntou:

– Quanto custa a branca?

O negociante respondeu com má vontade; o garoto tornou:

– E a preta?

– É o mesmo preço.

– Então dá...

– Qual?

– A branca, ora!

O vendedor pegou um saquinho de papel em baixo do caixote que lhe servia de banca e desgrudou uma cocada do conjunto. Então virou-se para o Dico e perguntou:

– E você, não vai querer, não?

– Quero nada, não, senhor. Estava a fim de pegar alguma coisa para vender na avenida...

A desconfiança voltou imediatamente aos olhos do homem. Com a mão na muleta examinou o mulatinho de cima em baixo, remexeu-se sobre o banquinho e descartou:

– Nem pensar! O último que pegou pra vender me deixou sem dinheiro e sem cocada.

– Bem feito! Isso é pra você aprender a não negociar com pé-de-chinelo. Além de que essa cocada deve ter sido fabricada pelo faraó do Egito – censurou Dagobé.

– Isso aqui não é trabalho para você, não – tornou o vendedor, um pouco mais cordato. – Dá pouco dinheiro. Não vale a pena, não.

Dico fez um sinal para o homem que estava bem. Em seguida, acrescentou:

– Eu trabalho de carregador na feira – o outro olhou para os seus braço finos, ele juntou: – Não perco feira.

– Hoje, você perdeu.

– Perdi mesmo.

– Carregador tem de acordar cedo! Não pode esquentar cama, não!

– Eu sei. É que eu moro longe... Não tinha dinheiro pra condução.

Naquele momento, aproximaram-se duas moças. Ele mudou imediatamente os modos:

– Abre espaço pra freguesia... Vamos, vamos...

E abriu as mãos sobre o tabuleiro, como para espantar moscas. As duas garotas se olhavam e riam bobas. Perguntaram pelos preços e diante da resposta abriram as bolsas. Uma pagou sozinha. E dividiram-se nas preferências: cocada branca pra uma e preta pra outra.

Como elas continuassem rindo, o perneta cismou de fazer gracinha sem graça.

– Você devia comer da branquinha. Comendo queimada, vai ficar moreninha.

Elas guardaram os dentes e tocaram em frente. Ele acompanhou um tanto, olhando por trás, depois tornou, taxativo:

– E vocês, hein? Ainda estão aqui?

– Não! Estamos lá! – respondeu o Dagobé, desaforado.

– Já disse que não preciso de vendedor.

Ainda discutiam, quando chegou um sujeito moreno magro, de óculos escuros, perguntando:

– É aqui que fica o rei da cocada?

– É ele mesmo – respondeu o sujeito, risonho. – Algum freguês indicou?

– Foi o Querido.

– Ah, o Querido é cliente preferencial... Vai querer da branca ou da preta?

Os dois já haviam se afastado alguns passos, Dagobé segurou o companheiro pelo braço e ficaram observando.

– A branca parece boa – comentou o recém-chegado. – O preço também é especial?

– Se é amigo do Querido, vou fazer o mesmo preço... Vai querer da branca?

– Isso mesmo. Me dá cinco.

O aleijado olhou à sua volta e pegou na bolsa a tiracolo cinco papelotes. O comprador abriu um e experimentou.

– Cuidado! Cuidado! Se o Querido mandou, deve ter dito que eu só trabalho com artigo de primeira.

– Ele falou. E tinha razão ... Seu produto é de primeira! Então o comprador tirou um revólver, que estava preso à cinta, nas suas costas. E apontando, falou:

– O senhor está preso!

– Ei, do que você tá falando, hein? Quem é você?

– Eu sou o agente do Denarc que prendeu o rei da cocada – respondeu o policial, mostrando o distintivo.

Enquanto se preparava para algemar o acusado, o policial fez um sinal, que foi imediatamente atendido por dois detetives que conversavam disfarçadamente nas proximidades.

– Dagô, você viu? O sujeito era da polícia!

– E o aleijado era um traficante. Não é à toa que esnobou quando você falou de vender cocada na avenida. O sacana vendia droga. Imagina se ia se preocupar com os trocados da cocada.

– Dagô, Dagô, o tira.... ele... ele tá vindo pra cá.

– E daí? Comer cocada é crime por acaso?

Dico sabia que não era, porém, ao ver o policial se aproximar, ficou confuso, não sabia o que fazer. Quando deu por si, o detetive estava interrogando:

– E vocês aí... O que faziam aqui, hein? Vocês estão com cara de avião.

– Eu não! – negou Dagô, dando um passo atrás. – Eu só parei pra comprar cocada.

Enquanto o garoto se explicava, aproximou-se um segundo policial, de boné e colete preto.

– E aí... Os pivetes já deram o serviço? – perguntou. – Aquele escurinho não me engana, não. Aquilo ali é avião com muitas horas de vôo.

O outro observou-o e correspondeu:

– E aí, garoto... Não ouviu o que o detetive disse?

Dico baixou os olhos e manteve-se calado. O policial recém-chegado continuou:

– Você já revistou? – E, sem dar atenção à possível resposta do colega: – Você é avião, é?

Os olhos do garoto cresceram, mostrando medo, desespero, mas a boca não se abriu.

– Não tá me ouvindo, não? – insistiu o policial.

– Eu... eu... Eu não sei o que é avião, não, senhor. Eu sou estudante...

Enquanto metia e mão no bolso da camisa, para tirar a carteira de estudante, o outro se aproximou, elevando o tom:

– Ah, não sabe o que é um avião, não? Então me diga como se chama aquilo que passa voando no céu...

– É... É avião.

– E você não é avião, não? – tornou o primeiro policial.

– Não... Sou estudante...

Os policiais riram e se afastaram, a tempo de ver o terceiro detetive colocando o aleijado e suas coisas no camburão que chegara naquele instante.

– Puxa! Pensei que eles iam te levar! – comentou Dagô.

– E por que haviam de levar? Eu não fiz nada.

– E precisa? Quando eles vêem um neguinho assim como você, primeiro eles guardam, depois pedem documento.

MACACO NA CABEÇA

Dico não gostou nem um pouquinho da insinuação do garoto mas acabou engolindo em seco. Estava habituado à visão preconceituosa das pessoas. E o pior é que o Dagô tinha razão. Na dúvida entre um branco e um preto, sobrava pro escuro com certeza. Como se todo branco fosse honesto e todo negro ladrão.

Os dois foram andando, ainda sob o efeito da cena. Dagô seguia na frente, Dico logo atrás. No primeiro sorveteiro, pararam e o moleque pediu outro sorvete.

– Um de maracujá.

Pegou o picolé, guardou o troco. Somente depois de atirar fora o papel, lembrou-se do amigo, que observava de olhos compridos.

– Você não quer sorvete, não?

– Não... Eu não tenho dinheiro.

– Poxa! O que você faz com o que ganha?

– Dou em casa.

– Essa não! A obrigação é do pai dar pra gente!

– Quando meu pai tinha, ele dava.

Dagobé examinou-o por um instante, mas logo perdeu o interesse. Deu uma olhada para a praça, onde a garotada pequena jogava bola dentro do cercado. O jogo também se mostrou insuficiente para prender o seu interesse.

– Você deve ter arranjado algum negócio dos bons – comentou Dico, ao seu lado. E, como o outro não se mexesse, acrescentou: – Que tipo de serviço é?

Dagô continuou de olho pregado no jogo das crianças, como se não tivesse ouvido. Chupava o picolé com visível prazer e assistia o jogo, como se não houvesse ninguém ao seu lado. Dico lambeu os beiços e insistiu:

– Não vai abrir o jogo, não?

– De graça? – devolveu o outro, enfim. – Quem trabalha de graça é relógio.

– Eu só tenho dinheiro pra condução. Se ganhasse algum dinheiro nesse negócio, podia pagar...

O companheiro segurou o palito entre dois dedos, fazendo suspense. Em seguida, atirou, e, voltando-se, falou:

– Hoje não dá mais. Já fechou a arrecadação.

– Arrecadação?

Lembrava-se de ter ouvido a palavra nos jogos de futebol. Significava renda, o total da apuração. O que o Dagô queria dizer com aquilo?

– É... A arrecadação do jogo.

– Não estou entendendo... Jogo onde? No Morumbi?

O Dagobé parou, ficou encarando, como se ouvisse o maior disparate. Por fim, retrucou:

– Que Morumbi, que nada! Você ficou bobo? Eu tô falando de jogo do bicho!

– Jogo do bicho?

– Puxa! Será que é tão difícil de entender?

Enfim, via tudo claro. Bem desconfiava que pra gastar em bobagem daquele jeito, o Dagô devia estar entrando numa errada.

E botou pra fora o que pensava:

– Logo vi que alguma coisa tinha de errado! Jogo de bicho também dá cana.

– Ah, dá, é? Pra quem? – retrucou o outro sem se perturbar. – Você não sabia que jogo tem proteção, não?

– Você tá inventando – tentou Dico.

– Quer mesmo saber? É mais fácil você ser recolhido sem fazer nada do que eu, ajudando na apuração.

Dico lembrou-se da atitude dos policiais há pouco. Haviam inventado aquela história de avião para o lado dele e praticamente não olharam para o Dagobé. Sem saber como argumentar, apelou para a ironia:

– Daqui a pouco, você vai dizer que o jogo é permitido.

– Permitido não é, mas todo mundo joga.

Estava certo o garoto. Até a mãe jogava uns trocados de vez em quando. Escondido do pai, porque ele não gostava. Várias vezes, correra levar os palpites e os trocados na sapataria do Carmelo. Até ganhara uma vez. Ela sonhara com japonês de bigode e não sabia no que jogar. A Sofia não precisou nem consultar o almanaque.

– Japonês de bigode não tem erro, é macaco, Geralda. Pode jogar sem susto.

A mãe fez conforme dissera a vizinha. Jogou tudo no primeiro prêmio, no tudo ou nada. E tal como previra a Sofia, deu macaco na cabeça. A mãe ganhou uma grana lascada e o pai nem desconfiou porque naquele tempo ainda trabalhava, não tinha miséria não.

– E desde quando pivete faz jogo? – lembrou de perguntar.

– Pivete não faz jogo seu burro! Só recolhe!

– É isso que tem de fazer... recolher aposta? Pegar dinheiro?

Dagô examinou-o um instante, como se procurasse por algo. Em seguida, interrogou:

– Dico, quantos anos você tem?

– Doze. Por quê?

– Ah, não vai dar, não. Eles só aceitam de catorze pra cima. E tem de ser de confiança porque jogo de bicho é coisa séria. Mexe com dinheiro...

– Jogo de bicho é coisa séria? – interrogou Dico, rindo.

– Qual é, hein? Tá com dor-de-cotovelo, tá?

Não estava com dor-de-cotovelo nem queria saber de jogo do bicho. Mesmo que pudesse, ainda que aceitassem. Lembrou-se do que o pai dizia e confirmou:

– Se é proibido, é proibido e fim!

Estava fora do negócio, mas tinha umas coisas que não entendera muito bem. Então perguntou:

– Lá na vila, quem quer apostar vai na sapataria do Carmelo. Ninguém recolhe nada. Como é que é esse negócio de recolher aposta?

– É igual. Quem quer vai lá no ponto e joga. Acontece que tem umas madames que não gostam de ir no ponto...

– Ah, entendi.

– Elas telefonam e passam o jogo pro banqueiro. Ele faz a papeleta e a gente vai entregar no prédio e pegar a grana. É igual serviço de office-boy.

– Igual office-boy não é mesmo!

Ao chegarem à esquina, Dico se desinteressou. Se era proibido, não havia dúvida: mais dia menos dia acabava pintando sujeira. E o Dagobé ia se dar mal.

– Eu vou pra cidade.

– Fazer o quê? – quis saber o companheiro.

– Nada. Só dar um giro.

– Pra não fazer nada eu faço aqui mesmo.

Dico parou indeciso na beira do meio-fio, porque até a cidade era uma boa caminhada. Chato descer sozinho. Por fim decidiu-se. Disse que ia e atravessou a pista.

– Vai mesmo? – gritou Dagô, na calçada.

– Cobra que não anda não engole sapo!

Pensou no dito lá de Minas que a mãe repetia sempre e se reanimou um tanto. Quem sabe, dava sorte, ainda criava alguma situação. Quando deu verde, atravessou e se pôs a caminho do centro velho.

PAPAI NOEL PRETO?

Na cidade o perigo era o rapa, as incertas que a polícia e o juizado davam. Andar em bando era sujeira, tinha de andar sozinho. Perigo ser arrastado junto e pagar pelo que não devia. Diante da turma, como iam saber quem tinha e quem não tinha culpa no cartório?

O negócio era ficar de antena ligada e olho bem-aberto. Depois de guardado, não adiantava reclamar. Até explicar que rabo de porco não é mola, acabou a graça. Suava frio só de ouvir o que contavam. Com meia-dúzia de porradas, o suspeito confessava até a morte do papa.

Por essas e outras não gostava de vagabundear pela cidade. Se pegam o nego de bobeira, levam mesmo. Por isso andava sempre sozinho e com a carteirinha de estudante no bolso. Com retrato, endereço, nome do pai, da mãe. Tudo sem erro, que é para não dar chance ao azar.

Conforme se aproximava, o movimento das ruas ia crescendo. A cidade parecia alegre porque estava chegando o Natal. Havia enfeites em todas as lojas. E, em muitas delas, até Papai-noel na porta, tocando sino, distribuindo bala, convidando para entrar.

Até que não seria mal uma balinha daquelas pra tirar o terrível gosto de nada da boca. Esperou as crianças menores receberem suas cotas, sem pressa. O Papai-noel de barbas postiças soltava um punhado de balas nas mãos das crianças e dos pais e sorria com infinita doçura.

Depois de servida a última criança, aproximou-se de mão estendida. O Papai-noel fechou o riso e entregou-lhe uma balinha contra a vontade. Dico sentiu vontade de devolver a bala, mas, enquanto relutava, o Papai-noel se retirou para o interior da grande loja de departamentos. Pensou em entrar, mas desistiu. As lojas usavam seguranças disfarçados de compradores. E àquela altura já estariam de olho nele.

Através da vitrine, examinou aquele monte de neve falsa, onde deslizavam animais puxando carros. Tudo muito branco, muito dourado, muito vermelho. Será que existia Papai-noel preto? Talvez por isso ficassem de olho quando entrava nas lojas. Era mulato, quase negro. Destoava daquele conjunto.

E os empregados? Era entrar na loja, vinham lhe perguntar o que fazia. Jamais perguntavam o que desejava. Com os outros, no entanto, eles se derretiam e agradavam até não mais poder. Pior que, às vezes, o cliente nem se importava com tamanha bajulação.

Se o pai conseguisse um emprego daqueles, trataria a

todos da mesma forma. E bem que o pai podia. Não sabia ler e escrever e fazer contas? O pai era diferente mesmo. Só faltava arranjar emprego. E aqueles empregados ficavam ali, metidos à besta, só porque tinham um trabalho temporário e vestiam um uniforme quente e sujo.

De segurança não tinha mais medo. Logo que passara para a quinta série e recebera carteira de estudante com foto, vestiu a calça do uniforme e entrou numa daquelas lojas grandes de propósito. Não deu outra. O sujeito chegou com a pergunta na ponta da língua:

– O que é que tá fazendo aí, moleque?

Ele riu por dentro e, encarando o homem, respondeu:

– Eu sou estudante e quero saber o preço do material escolar. Não pode, não?

Disse e mostrara a carteirinha. O sujeito ainda saíra com uma atravessada:

– Não é falsa, não?

Já falou, porém, noutro tom. Riu amarelo, disse que o departamento era no terceiro andar e saiu muito murcho, sem jeito que só cachorro caído de mudança. Fizera uma, duas, três vezes em lojas diferentes até se cansar daquela história de estudante. Na verdade, ia à escola porque o pai obrigava, mas não gostava, não. Por isso estava tão atrasado. Importante mesmo era a luta. Enquanto permanecia na escola, deixava de faturar.

O pai não admitia discussão:

– Deixar de ir à escola por causa de uns trocados? De jeito nenhum! Indo à escola hoje, você vai ganhar muito mais depois! É nisso que você tem de pensar.

Se o pai mandava, tinha de ir, mas ia sem convicção. O pai sabia ler e escrever, fazia qualquer tipo de conta e que adiantava? Vivia desempregado. E o pessoal da padaria, da quitanda, do ferro-velho, que mal sabiam desenhar o nome, estavam montados na grana.

Examinou a vitrine uma última vez e saiu mastigando a bala de chocolate. Não gostava de Natal. Achava uma festa boba, sem graça. Não se animava nem pelos brinquedos. Tudo besteira. Se pudesse ganhar algum presente, queria ganhar roupa nova e sapato de couro.

Quando era pequeno, até sonhara com peru. Devia ser um prato muito especial porque as pessoas só comiam no Natal. E demorou até experimentar que gosto tinha o peru, o pai sempre prometendo e nunca cumprindo. O leitão experimentara na casa da avó em Minas. Uma delícia, a melhor comida do mundo. Depois, nunca mais voltaram a ver a avó. Igual o peru, o pai prometia sempre e cumpria nunca.

A avó morreu sem que voltassem a vê-la. Talvez por isso, naquele final de ano, o pai cumpriu o prometido. Trouxe um peru bem grande para assar. E ele descobriu que havia sonhado errado porque o peru tinha carne muito branca e gosto de coisa nenhuma.

Deve ser por isso que Natal e peru andam sempre juntos, tão ligados. Natal tem gosto de peru: branco e sem graça. Até aquela coisa de enganar as crianças desentendia. Muito cedo, compreendera que Papai-noel não dava presente porque ninguém dá nada de graça a ninguém.

Cada um tem de ganhar o seu, suando o rosto, como dizia o pai. Ou ferindo as mãos no tanque, como mostrava a mãe. Fora isso, só tirando a sorte grande ou tomando na mão grande, como dizia o Alemão.

Alegria de verdade só mesmo no carnaval. Aquilo sim dava gosto. Só faltava estourar de tanta alegria. No carnaval, não tem rico nem pobre, branco nem preto, é tudo igual na mesma batida. Quando via a escola desfilando na avenida, o coração transbordava de contentamento. Leninha gostava da Rosas; ele, da Vai-Vai. Batia o pé, trançava as pernas magricelas, perdia jamais o ritmo.

NOITE INFELIZ

Ao descer do ônibus era noite fechada. Veio pelo meio da rua, evitando becos e pontos escuros. Se nem homem de verdade facilitava, ele ia arriscar? Até chegar em casa, teria de enfrentar ainda um bom pedaço de chão, através de vielas mal iluminadas, esgotos a céu aberto e terrenos baldios onde se reunia o fino da malandragem.

Os olhos ariscos saltavam de um canto para outro. Qualquer vulto, qualquer movimento mais brusco, real ou imaginário dava no pé, fugia antes de identificar. Mudava de rumo, dava voltas e corria a valer que para isso lhe serviam as canelas finas. Dar moleza pro azar, não dava.

Já entrava pela ruela de barracos, que ia dar à casa, qundo o garoto cortou seu caminho:

– Oi, Dico...

– Oi, Dequinha, que susto!

– Eu não queria assustar... Eu...

Percebeu qualquer coisa de estranho na voz do companheiro, mas já era tarde e se foi saindo que a mãe devia estar preocupada. O amigo veio seguindo seus passos, escolhendo onde pisar.

– Dico... Você ... Você não tá sabendo de nada, né?

– Não tô sabendo do quê? – parou, esperando a aproximação do outro.

Dequinha titubeou um pouco, depois descarregou:

– Seu pai foi assaltado.

– Meu pai?

– Quase mataram ele.

A notícia zuniu dentro da cabeça, quis saber mais nada. Esqueceu-se da escuridão e disparou em direção ao barraco. Chegou à porta da casa com os pés cheios de barro, porque havia chovido muito durante a tarde. E deparou-se com o pai, sentado no lugar habitual, a cabeça enrolada numa grossa bandagem de curativo manchada de sangue. Entrou correndo, trombando com a porta e foi se abraçar com ele.

– Pai, pai... O que aconteceu?

O pai abraçou-o pela cintura, deu-lhe uns tapinhas nas costas. Demorou a vencer a emoção.

– Não foi nada, meu filho. Está tudo bem.

A mãe veio marchando do lado do quarto:

– Isso são horas de chegar?

O filho não respondeu. Chorava no ombro do pai, enquanto os irmãos observavam assustados. A mãe recomeçou:

– Tá vendo o que aconteceu? Agora, me diga... Se assaltaram seu pai, bateram nele, o que não fariam com um menino como você?

O marido respondeu:

– Deixa o menino, Geralda. Você tá de cabeça quente.

– Cabeça quente eu fico o dia inteirinho, sem saber onde ele anda!

Juscelino, o menino mais novo, começou a chorar, ela parou. Foi até o canto, pegou o pirralho no colo e começou a balançar nos braços. Depois seguiu no rumo do quarto, sempre embalando.

– Foi assalto, pai?

– Diz que foram três pivetes – intrometeu-se Dequinha.

– Foram três – confirmou o pai. – Me cercaram logo que desci do ônibus.

– Gente conhecida?

– Não, não eram daqui, não.

Pensou um pouco e perguntou:

– Por que o senhor reagiu? Eles podiam até matar.

– Eu não reagi. Até dei conselho...

– Então por que lhe bateram?

– Eles ficaram danados de raiva porque eu não tinha dinheiro. Tinha só umas moedas.

– É dinheiro pra droga que eles querem – ilustrou Dequinha. – Se o sujeito não tem, eles descem o cacete.

O filho olhava para a cabeça do pai, com a bandagem manchada, e sacudia a cabeça, em sinal de contrariedade.

– Foi só um que bateu... o maiorzinho. Acho que estava com um cabo de aço...

– Não dava pra chamar ninguém?

O pai ficou olhando para os olhos molhados do filho, não respondeu. Dico insistiu:

– Por que não chamou a polícia, pai?

– O que eles tinham de fazer, fizeram. A polícia, acaso ia remendar minha cabeça? – falou e franziu e testa.

– Dói, pai?

– Coisinha de nada. Amanhã, nem vou lembrar.

– E na hora que bateram... doeu muito?

– Vi um monte de estrelas e, em seguida, a luz da praça se apagando.

A mãe reapareceu na boca do corredor. O filho no colo cochilava, ela não:

– É isso que dá andar solto por aí.

– Eu só saio pra trabalhar. Nunca trombei ninguém – defendeu-se o filho da indireta.

– Bem, por hoje chega – falou o pai. E tornando ao filho: – Esses jovens não são problema de polícia. São meninos pobres que não têm orientação. É por isso que você precisa estudar, conhecer outro meio, outras pessoas...

A mãe entortou a boca, só faltou cuspir:

– Outro meio, outras pessoas, nesse buraco quente? De que jeito, hein?

O homem desgostou, mas, antes que pudesse retrucar, Dico se intrometeu:

– O pai tá certo. Favela não tem só marginal, não. Tem gente boa como seu Edeval e dona Sofia, a mãe e o pai do Dequinha....

– Também tem o Alemão, o Nego Sete, o Mãozinha... Tudo gente fina, não é mesmo? – ironizou a mãe.

O marido abriu um intervalo de propósito e tornou ao assunto de todo dia:

– Eu só preciso de um emprego, Geralda. Este ano, se Deus quiser, arranjo. E a gente vai pra outro lugar.

– Deus te ouça.

Dico recapitulava o diálogo daquela noite terrível e sacudia a cabeça como fazia o pai quando queria contrariar. Em verdade, aquela noite marcaria o início de um amontoado de coisas ruins que estavam por acontecer.

UMA AMEAÇA

A caminho de casa, sacolejando dentro do ônibus encardido, Dico torcia para que houvesse comida suficiente para todos em casa porque sentia fome. Não pudera comer uma fruta ou um doce, pois havia conseguido o dinheirinho contado para a volta de ônibus.

Nesses momentos, censurava-se por algumas irresponsabilidades cometidas no passado e o arrependimento lhe doía no peito. Era quando ganhava algum a mais e gastava em bobagem, esquecido de que em casa os irmãos menores talvez não tivessem o que comer.

Felizmente, já não acontecia tanto. Ainda que pouco, sempre havia com que se defender, porque a mãe estava lavando e passando roupa para Sofia e o espanhol do ferro-velho. Mas já acontecera antes e ele jamais esqueceria. Seu Edeval costuma dizer que gasta fácil quem ganha fácil. Dico achava que ele está certo no que diz.

Lembrava de um domingo bom de feira e ótimo de tarde no Morumbi. Naquele dia, choveu na horta de todo mundo, de modo que a pivetada resolveu comemorar. Comemorar é comer e beber tudo que tem vontade. Dico comeu cachorro quente, pão com calabresa, pizza e bolinho de bacalhau. E guaraná e coca-cola até não agüentar. No fim, estava todo mundo esguichando refrigerante um no outro.

Uma farra danada, um monte de dinheiro jogado fora. Conseqüência: um dia inteiro de luta, pra só ficar com os trocados da condução. Mas pior mesmo foi em casa. Chegou arrotando guaraná e pela cara dos irmãos desconfiou logo o que era verdadeiro. Na hora de jantar não havia comida. Não fosse a Sofia deixar um resto de pão amanhecido, ficariam todos com as barrigas roncando. Todos menos Dico.

Na entrada da favela fez pensamento positivo e cruzou os dedos, como fazia sempre que desejava alguma coisa. E deu certo. Mal botou os pés na porta do barraco, entendeu que o dia da família fora melhor que o seu. Pelo jeito, iam comer muito bem. Há muito que os olhos não viam uma cena tão promissora.

Em cima da mesa, havia uma garrafa grande de refrigerante ainda fechada, convidativa e suada. E no pé da mesa, estava amarrado um frangão carijó que parecia o pai de todos os frangos de tão gordo. Sentiu água na boca só de pensar no ensopado de cominho e alfavaca que a mãe preparava. Os olhos fixos na cena, deu uma topada no pé da porta, mas equilibrou-se a tempo.

– O pai arranjou emprego? – perguntou tão logo tomou prumo. – O frango é nosso?

A mãe virou-se interrogando:

– Por onde você andou, menino? Já não chega o que aconteceu outra noite com seu pai?

– Eu me esqueci da hora. Estava na cidade...

– Você não pediu dinheiro?...

– Deus me livre! Fui e voltei com a grana que o espanhol pagou pelas garrafas.

O pai veio do quarto, tinha os cabelos molhados e penteados com certo capricho.

– Na cidade não tem nada pra um menino fazer.

– Fui dar um giro... Olhar as vitrines...

– Com quem você estava?

– Sozinho.

– Olha lá, menino... Na cidade não tem perdão, não. A cana leva quem deve e quem não deve também.

Como o pai continuasse encarando, tentando adivinhar se ele falava a verdade, acrescentou:

– Eu levo carteirinha de estudante...

– Ah, e você pensa que isso amacia os homens, é?

– Só passei lá, porque não achei o que fazer na avenida. Eu não gosto da cidade, não.

Pensou que havia terminado o interrogatório, o pai tornou:

– E esse tal de Alemão?

– Que tem, ele?

– Você não anda com ele, anda?

– Ando nada. A turma dele é outra.

– Ah, é? E que turma é a sua, hein?

Bem dizia a Iracema que peixe morre pela boca. Precisava falar aquilo de turma?

– Eu não tenho turma. Ando sozinho.

– Melhor sozinho que mal acompanhado! – interveio a mãe.

– Olha lá com quem você anda, hein?! – completou o pai.

Já se preparava para tomar lugar na mesa, o pai intimou:

– Primeiro, vai se lavar.

– Tem roupa limpa, mãe? – perguntou ele, a caminho.

– No pé da cama – respondeu ela, sem se voltar.

A mãe fritava algo que não conseguiu ver. Pelo cheiro, devia ser peixe. Os irmãos já mastigavam com apetite, mas se o pai dissera para se lavar antes tinha de lavar. O pai era muito sistemático.

Engraçado o pai. Ele não batia de cinta como os pais dos outros meninos da favela. O Alemão apanhava até com o lado da fivela. Toda vez que o pai bebia, ele apanhava de cinturão. Nem precisava ter feito algo errado. O pai dizia que ele estava em dívida. E a mãe apanhava também, até que foi embora. Seu pai não. Dizia um mundo de coisas, falava até começar a repetir tudo, levantava a voz, mas não batia.

Quando não está bêbado, o pai do Alemão diz que é bom filho apanhar de cinta, que assim toma vergonha. Ele diz que só é homem de verdade porque apanhou muito quando menino. E o Alemão teria de aprender, como ele aprendera. Enquanto pensava naquilo, Dico foi até a torneira no pé da porta do barraco e encheu o balde.

– Não enche até a boca que você não agüenta carregar!

Diante da observação da mãe, ele sacudiu um pouco o vasilhame derramando o suficiente para a água não transbordar, levantou com as duas mãos e entrou. A caminho do quarto, pegou o bacião dependurado no prego da parede.

– Lava só as pernas e os braços que não tem água quente – tornou a mãe, sem tirar os olhos da frigideira.

Talvez por isso gostasse tanto do pai: ele não lhe batia de cinta. O Alemão, pelo contrário, falava nem o nome do pai dele. Queria que ele morresse logo, pra não azucrinar mais a vida de ninguém.

Dico tinha sorte porque tinha um bom pai. Também

uma boa mãe. Às vezes, ela ficava nervosa e lhe pregava uns cascudos nas orelhas sujas. Coisa boba, de mal sentir. Tinha certeza de que ela dava por dar, sem preocupação de fazer mal. Com coisa de dois minutos, estava conversando normal, esquecida de toda raiva.

A mãe não respondera se o pai arranjara emprego ou não, mas, naquela folga toda, com garrafa de refrigerante na mesa e frango no barbante, não podia dar outra. Seria bom que tivesse arranjado. O pai merecia. Muito mais que aqueles caixeiros ensebados das loja centrais.

Assim que se sentou no lugar vago, junto da mesa de tábuas, a mãe serviu os peixinhos fritos com arroz branco e farinha. E só então se dispôs a falar:

– Não é bem emprego, não... é serviço temporário. Mas é melhor que nada. Até as festas, a gente tá garantido.

– É serviço de quê? – especulou o garoto.

– No supermercado – interveio o pai. – Quando esvazia a prateleira, a gente repõe e estoque.

– Você tem certeza de que não precisa pegar peso? – interrogou a mulher, preocupada.

– É tudo no carrinho. E na hora de empilhar, é um por um.

Como a mãe não acrescentasse nada, Dico comentou:

– Esse serviço parece bom... Não é não, pai?

– Como disse a sua mãe, é melhor que nada.

A mulher atirou um resto de peixinhos torrados nos pratos dos irmãos menores. Em seguida, parou próxima à mesa e se serviu de um copo de refrigerante.

– Quem sabe, depois das festas, eles não contratam em definitivo?

– Não sei, não. O trato é de ficar até virar o ano.

Dico observou o pai disfarçadamente. Apesar da insegurança, ele parecia feliz por estar fazendo algo e defendendo seu dinheiro. Há muito, não o via sem aquela cara azeda, amarrada. Ele comia os peixinhos engordurados e tomava refrigerante, sem nenhuma pressa, como se não existisse nada melhor na vida.

– Ano novo, vida nova! Deus há de ajudar que tudo melhore! – brindou a mãe, quase resmungando.

O pai pensava pra falar.

– Eu só queria um trabalho decente. E um pouco de saúde. Mais não precisava.

– Vai dar tudo certo! – decretou ela e sentou-se para beliscar a farinha torrada que sobrara dos peixes. E foi mordiscando os peixinhos que cuspiu: – A Sofia tá falando de voltar pra Bahia.

– Fazer o quê na Bahia? – interrogou o marido.

– Diz que o pai de Edeval tem um terreno parado lá e que ele vai tocar.

O homem bateu a ponta do queixo no peito, como se

aprovasse. E acrescentou de viva voz:

– Está certo o Edeval. Se for terra de plantio, eles garantem pelo menos o sustento.

– É isso que ele diz... Mas a Sofia tá com um pé atrás por causa do emprego de funcionária pública.

Voltar pra Bahia? De repente, o garoto se apercebeu do que os pais falavam. A comida parou na boca, o espinho entalou na garganta. Se Sofia e Edeval iam voltar para a terra deles, levariam os filhos juntos. Engoliu de uma só vez e perguntou aflito:

– E a Leninha também vai?

– Claro! Se vão o pai e a mãe, com quem ela havia de ficar?! Cada pergunta!

Aquilo doeu no coração igualzinho no tempo que gastava dinheiro à toa e deixava os irmãos sem comer.

– Quando é que eles vão?

– Eles vão ajuntar décimo terceiro e uns extras de fim de ano pra não chegar lá de mão abanando. Daí que eu imagino que eles vão no começo do ano.

– É uma pena, eles são muito bons vizinhos – considerou o marido.

– Bons vizinhos? São os únicos que dá pra confiar – retrucou a mãe, cuspindo farinha.

E os pais seguiram falando, sem perceber que Dico

perdera a fome e a vontade de falar. Havia poucas meninas na favela e nenhuma tão bonita como Leninha. Nem na cidade e nos pontos de serviço vira outra igual. E agora ela ia embora pra Bahia! Depois um bom tempo, a mãe se deu conta.

– Uai... Que bicho mordeu, menino?

E o pai juntou, como de hábito:

– Tá pensando na morte da bezerra, tá?

– Tô em nada. Não posso ficar quieto, não? É proibido? – devolveu o filho, abandonando o prato de comida pela metade.

– Geralda, você viu isso? Que será que deu no menino?

– Deu nada. Ele deve ter andado muito e ficou cansado. O melhor nesse caso é dormir.

A DOR DA DESPEDIDA

Dico e Leninha tinham praticamente a mesma idade. Haviam crescido juntos, correndo, pulando, escondendo, brincando de pega-pega naquele labirinto de barracos desconjuntados. E ele não duvidava: quando fossem adultos, se casariam.

Ele não se esquecia do carnaval passado. Devia fazer dois anos, talvez três. Eram bem pequenos ainda, Sofia fizera fantasia para os dois. De príncipe e princesa, ele dizia. Dico achava que era de mestre-sala e porta-estandarte. Antes da noite, choveu forte e o papel crepom das fantasias desbotou manchando toda a pele.

Dico prometera, então, que um dia ia trabalhar e ganhar muito dinheiro pra comprar fantasia de verdade, de panos coloridos e muito brilho. Eles seriam mestre-sala e porta-estandarte da Vai-Vai ou, se a Leninha insistisse muito, da Rosas, aplaudidos na avenida do samba. Noites seguidas, durante anos, dormira com aquela idéia na cabeça e sonhara com sua realização num carnaval bem real.

A mãe rompeu a cadeia de idéias:

– Às vezes, fico pensando se não era melhor a gente também se tocar lá pra Minas. No sítio de minha mãe, nunca faltou um leitão no terreiro. Galinha era coisa de enjoar. E ovos e verduras, frutas...

O marido descansou o copo vazio na mesa, dizendo:

– Seus irmãos tomaram conta daquilo, Geralda.

– Eu tenho direito! Se eles usam, também posso usar! – retrucou a mulher, azeda.

– É muito convidado pra pouca farofa. Isso acaba dando confusão.

– Que confusão podia dar? Eu não sou filha igual a eles?

Pouco animado com a idéia, o homem considerou:

– E as crianças? Nós temos que pensar no futuro. Que será delas naquele oco de mundo? Se duvidar, nem escola tem.

– E quem garante que o futuro aqui será melhor? O que eu vejo muito é polícia vasculhando barraco. Hoje mesmo tinha uma turma atrás do Alemão.

– Polícia? A troco de quê? O Alemão é menor de idade.

– O que eu sei é o que dizem... que anda metido com drogas. A Iracema também falou em assalto...

O marido balançou a cabeça, em sinal de desacordo:

– Aquele garoto é um infeliz... A mãe abandonou a família, o pai é alcoólatra... Nossos filhos estão sendo criados de maneira diferente. Eles vão ser gente na vida.

– Deus te ouça! Eu fico com o coração desse tamaninho toda vez que o Dico demora pra voltar.

O pai havia tornado à realidade. Suas feições se mostravam novamente murchas. O desânimo, cansaço, sei lá o quê estampado no rosto.

– Não é possível que tudo dê errado pra gente. Qualquer hora, acerto num emprego e alugo casa na rua.

– Você sabe que eu não sou de luxo. Eu falo pelas crianças – falou a mulher, enquanto tirava os pratos.

O marido examinava o copo vazio à sua frente, como se através do vidro pudesse descortinar o futuro. Um futuro brilhante, de preferência. O copo estava embaçado, transparência praticamente nada.

– A gente tem de acreditar, mulher! Se não é o diabo!

Acreditar em quê, agora que Leninha ia embora? Se a Bahia pelo menos fosse mais perto... Pra ele, a Bahia e outro país davam no mesmo. Cansara de ouvir a Sofia contando pra mãe: sentia saudade da família mas não tinha jeito de ver, que a distância era muita e o preço da passagem um absurdo.

Dico lembrou-se de quando a avó morrera em Minas. Depois de muito choro e discussão, ficara decidido que não iriam. Não havia tempo, muito menos dinheiro. E, se Minas era longe, imagine a Bahia. Pensava naquela tarde de carnaval como um aviso, uma antecipação ruim do que ainda estava por acontecer.

O mestre-sala e a porta-estandarte, com suas ricas fantasias de papel crepom, borrados e manchados pela chuva, pareciam de repente a própria imagem do sonho desfeito. Um sonho impossível que se perdera com as chuvas daquele carnaval distante, cujo significado só agora compreendia.

Sem Leninha, a favela perdia o encanto. Não suportaria ver o barraco vazio ou ocupado por pessoas estranhas. Imaginando como seria sem graça a vida, debruçou-se sobre o tampo sujo da mesa e dormiu. Despertou com o pai sacudindo-lhe os ombros:

– Dico, acorda! Acorda, menino!

Confuso, quase assustado, o garoto abriu os olhos sonolentos. Não tinha certeza de ter ouvido tudo. Quem sabe, tudo não passara de um sonho ruim. Na dúvida indagou:

– Pai, é verdade que a Leninha vai embora?

– Pelo que sua mãe falou, eles estão pensando no caso. Agora vai dormir na cama, vai. Amanhã será um dia melhor. Se Deus quiser.

E se Ele não quisesse? Dico pensou e se arrependeu. O pai e a mãe não aprovariam aquele tipo de pensamento. Antes que voltasse a pensar bobagem, foi dormir.

UMA MULHER PERGUNTADEIRA

Dico sentia-se cansado, devia ter dormido mal. Aliás, a irmã reclamou que ele passara a noite falando alto e distribuindo chutes para todo lado. Foi até a torneira montada sobre a tina de zinco, lavou o rosto e sentiu-se melhor. Os olhos pelo menos já não ardiam tanto. Engrossou o café ralo com farinha de milho e tomou apressado.

– Onde vai com tanta pressa? – surpreendeu-o a mãe.

– Aqui fora.

Entrou na casinha, abrindo a braguilha, como quem vai urinar. Deu o tempo necessário para que a mãe se afastasse com as roupas, saiu, foi verificar. A casa dos vizinhos estava fechada. No entanto, era tarde pra dormir. Não havia dúvida: tinham saído todos, talvez para comprar passagens. Estava ali, apalermado, quando a mãe de novo o surpreendeu:

– O que é que tá especulando aí, hein? Não tem ninguém em casa, foi todo mundo pra feira.

Menos mal. Se compravam coisas na feira é porque não viajavam tão cedo. Bobagem! Lembrava agora do que a mãe dissera: juntariam o décimo terceiro e extras de fim de ano para a compra das passagens. Portanto, não viajariam antes das festas. Aquietou-se um pouco e tornou à realidade prática.

Sábado era dia de feira livre perto do bairro. Não podia perder outro dia. Pediu dinheiro para a condução e se dispôs a sair. A mãe segurou a cédula encardida entre os dedos e perguntou pelo destino. Ele contou sem rodeios, ela ficou mais descansada. Sabia ou imaginava que nas feiras livres os perigos eram menores.

– Olha lá, hein? Depois da feira, vem pra casa! E toma cuidado pra não sujar a calça do uniforme.

Ele respondeu com um aceno e se pôs a caminho. Ao passar pelo campinho, viu o grupo de garotos batendo bola e os olhos se encheram de vontade. Quando deu por si já estava debaixo da trave, tentando descobrir algum conhecido. Tempo perdido. Conseguiu reconhecer apenas um escurinho que morava com ele na favela e assistia à distância.

– Você conhece alguém? – perguntou, ao se aproximar do conhecido.

– Ninguém. É a turma lá da pracinha.

– Não convidaram pra jogar?

– Não. Mas também não faço questão.

O garoto era menor, devia ter cerca de dez anos. E, ao contrário do que dizia, seus olhos traíam uma vontade doida de entrar em campo e participar do racha. Encarou-o firme, o outro desviou a vista. Sentou-se sobre os calcanhares, ficou arrancando uns fios de capim, que levava à boca.

Dico observou e insistiu:

– A gente podia entrar um de cada lado...

O escurinho nem piscou. Continuava seguindo pelo campo aqueles seis moleques que não sabiam nada de futebol. Ruins de bola que só eles. Mas a bola era novinha, uma beleza pra quem conhecia o assunto. Encostou-se no poste direito, depois no esquerdo, uma vontade danada de entrar na brincadeira.

– Puxa, que furada! Essa gente não sabe nada de bola!

De repente, um gordinho conseguiu acertar na bola, o goleiro não viu nem cheiro. Dico disparou atrás do prêmio, foi catar no mato, enquanto os outros garotos gritavam para o goleiro ir buscar a bola. Dico pegou e, apesar dos pedidos insistentes, não devolveu na primeira. O que pensavam aqueles branquelos – que ia levar a bola pra casa?

Jogou o bolão no ar, aparou no pé direito, fez que chutava, não chutou, deu apenas uma suspendida. Na queda, bateu de joelho direito, de esquerdo, de novo nos pés, enquanto os canelas duras observavam com um misto de maravilha e espanto. Trouxe a bola até perto da trave, sem deixar bater no chão e chutou alto para que ela caísse no meio da roda.

A bola ainda quicou três vezes consecutivas antes que

o seu proprietário conseguisse dominá-la com as mãos. Com a bola presa às costas, chamou o goleiro e discutiu qualquer coisa com os demais. Provavelmente, decidiam se o chamavam ou não. Durante longo tempo resmungaram coisas que não dava pra ouvir. E, finalmente, resolveram, saindo todos em direção à trave oposta. Fim de jogo.

Dico observou meio sem jeito, a satisfação se apagando no rosto. O escurinho continuava arrancando capim e mordiscando com os dentões enormes. Sentiu-se na obrigação de dizer algo e gritou na direção dos garotos que atingiam a rua.

– Regulando mixaria, seus branquelos?

Os garotos atravessaram a rua. Apenas um se voltou. A manifestação veio de onde menos esperava.

– Você queria jogar, né?

Desgostou da intromissão, encarou o escurinho e despejou sobre ele toda a frustração que sentia:

– Eu tenho cara de quem passa o dia jogando bola, tenho? – O outro disse nada, ele completou: – Eu vou é defender uma grana na feira! Tô nem aí pra jogo de bola!

Abandonou o campo pela lateral direita, em direção ao ponto de ônibus. Aquela era a sua verdadeira meta. E a feira, o seu campo. Teria de driblar muito companheiro e mostrar toda categoria para faturar duas ou três sacolas.

O ônibus velho foi sacolejando pela rua esburacada, desviando das poças maiores, perigo até de atolar. Nem o motorista tinha pressa. Conversava com o passageiro do banco da frente, cumprimentava gente no meio da rua e na porta dos bares. Depois que entrou na avenida, melhorou. Não havia mais barro, apenas alguma falha no asfalto. No primeiro ponto, subiu uma senhora bem vestida, com duas sacolas enroladas, e veio se sentar no lugar vago, ao seu lado.

O pai não havia dito que amanhã seria um dia melhor? Não havia dúvida: a oportunidade viera ao seu encontro. Aquela senhora ia, com certeza, à feira. Com duas sacolas e sem carro, não tinha como não precisar de um carregador. Se ela descesse no ponto da feira, pegava as sacolas antes que surgisse algum aventureiro.

Pensou em falar com ela, mas desistiu. Ela podia desgostar da intromissão. A mulher tinha um jeito simpático, lembrava a professora de História, com aqueles óculos de aros claros. No entanto, se mantinha bem na ponta do banco, como se a possibilidade de esbarrar nele pudesse lhe sujar a roupa.

Também podia ser que se mantivesse naquela posição dura porque era uma senhora bem-educada, que não gostava de incomodar as outras pessoas, ainda que fosse um sujeitinho sem eira nem beira como ele. Falava ou não falava? A mãe dizia que muita gente perde oportunidade por ser oferecida demais. As pessoas desconfiam do que vem muito fácil. Era verdade, ele até já vira coisa parecida.

Tem pivete que não tem educação. Quando vê a freguesa já vai agarrando, querendo tirar a sacola da mão. A mesma coisa com carrinho. Quantas vezes já vira uma mulher ameaçar o intruso até com guarda-chuva e passar o serviço para outro? E estavam certas. Se soltassem a sacola na mão de qualquer um, acabariam sem compra. A turma do

Alemão age assim. Agia, porque agora diz que ele anda metido em negócio grande. O pivete se oferece com a cara mais inocente do mundo, baixa o preço e as mulheres aceitam. Quando a sacola está cheia, o sujeito dá no pé com as compras.

Com ele era diferente. Não aprontava malandragem, não reclamava do peso e tratava as senhoras com educação. Dava certo e ele ganhava até mais do que pedia. Na feira do sábado, era conhecido e muita madame só entregava a compra na mão dele. Se já estava ocupado, a freguesa passava e cumprimentava. Algumas sabiam até seu nome e recomendavam, como dona Zelly.

– Sorte sua, Leonor! – falara a mulher ao seu lado. – Esse menino é um anjo!

Anjo era exagero, mas ele sabia que dona Zelly queria ajudá-lo. Anjo preto? Até podia ser. Por que não? Não era anjo porque também aprontava das suas. Mas não de sumir com a compra de freguesa ou trombar pra tomar carteira. De vez em quando, pegava uma fruta e levava duas. Coisa pequena. Embora o pai diga que roubo não se mede pelo tamanho.

A mulher mantinha-se firme ao seu lado. Estava claro que ia à feira. Se perdesse aquela, não se perdoaria. Com o negócio ali na sua mão, ia deixar escapar?

– A senhora... – A voz saiu tremida, ela não ouviu. Ele criou coragem, falou mais alto: – A senhora vai fazer feira?

A senhora encarou-o com uma firmeza de incomodar, nem aprovando nem desaprovando. Baixou os olhos miúdos atrás das lentes, examinou-lhe a camisa e a calça do uniforme.

– Vou à feira de cima – respondeu sem muito entusiasmo.

A feira de cima tinha fama de oferecer preços melhores. Na praça, em baixo, o acesso era fácil, os feirantes carregavam nos preços. Para ele tanto dava, numa ou noutra, tinha freguesia formada.

– Quer que carregue a sacola?

Ela voltou a examinar. Tinha pressa nenhuma em responder. Sempre que o observava, os olhos amiudavam. Devia enxergar quase nada. Lembrou-se do argumento mais forte. Tirou a carteirinha do bolso superior, abriu na página da fotografia e mostrou com certo orgulho.

– Sou estudante...

Nem assim ela demonstrou entusiasmo. O ponto de descida para a feira de baixo estava próximo. E se passasse, na esperança de pegar o serviço e não conseguisse?

– Onde você estuda?

– No Virgulino de Moura...

– Está em que série?

– Quinta... passando pra sexta.

Ela se remexeu no banco. Quem sabe, se sentia mais à vontade agora que o conhecia?

– Estudar faz bem. Mais tarde é que a gente percebe a diferença entre as pessoas que estudaram e as outras.

– Meu pai vive dizendo isso.

O ônibus parou no ponto da feira. Agora, mesmo que quisesse descer, não daria tempo. Com ou sem freguesa, teria de arriscar a feira de cima.

– O que o seu pai faz? – E, diante da indecisão dele: – No que ele trabalha?

– Ele trabalha no supermercado. Quando a prateleira esvazia, ele repõe a mercadoria.

O que tanto ela ainda perguntaria até se decidir? Ela examinou-o como se medisse a força dos braços magros e falou:

– São duas sacolas... Você dá conta?

Ele ia dizer que o preço era dobrado, ela interrompeu:

– Eu perguntei se você dá conta das duas sacolas.

– Eu estou acostumado, dona.

Então ela passou-lhe as sacolas, ficando apenas com a carteira nas mãos. Conferiu o trajeto do ônibus e retomou:

– Quantos irmãos você tem?

– Quatro comigo. Eu sou o maior.

– Todos vão à escola?

– Não, senhora. Só minha irmã, a Fatiminha... Ela está na segunda série. Os outros dois, o Janinho e o Juscelino são muito pequenos.

A mulher abriu um novo intervalo para observar o movimento do comércio. De repente, sem que ele esperasse, ela indagou:

– Você mora com seus pais?

Que pergunta! E devia morar com quem?

– Moro com meu pai e minha mãe. E os meus irmãos.

– Mora aqui perto?

– Na favela do Sabão – respondeu após relutar um instante.

Sempre que tinha de dizer onde morava, ficava imaginando como as pessoas iam reagir. Mas o pai dizia que ele não devia mentir sobre isso.

– A casa é grande?

– É grande, sim, senhora. Tem quarto, sala, cozinha...

– Todos dormem no mesmo quarto?

– O pai, a mãe e nós quatro.

Não se recordava de ter encontrado nunca uma freguesa que especulasse tanto sobre sua vida. Já começava a se arrepender por ter se oferecido. Tinha razão a mãe: ele fora se oferecer, a mulher ficara desconfiada. Por isso queria saber tudo, tintim por tintim. Não devia ter falado onde morava. Agora, era tarde. Todo mundo acha que favela só tem bandido.

– Você comeu alguma coisa antes de sair de casa?

O que será que ela queria com tanta pergunta? Resolveu aumentar um pouco, senão era capaz de pensar que ele estava numa pior e que aceitaria qualquer trocado pelo serviço.

– Café com leite, bolacha, pão com manteiga...

No próximo ponto desceriam. Ficaram aguardando calados. Melhor assim. Ela não voltou a perguntar nada, nem ele falou. Aquele amontoado de perguntas estranhas havia confundido sua cabeça. Nunca vira nada igual em toda a sua carreira de carregador de feira.

A RECOMPENSA

Na volta para casa, passando pelo campinho vazio, sentia como se pisasse em nuvens. Uma alegria sem tamanho transbordava em cantos e assovios desafinados. Ainda não conseguia entender direito. Havia ficado muito encucado com as perguntas da mulher, pensara que ela quisesse saber seu endereço por desconfiança e só no final foi descobrir como havia se enganado. É como diz a mãe: vivendo e aprendendo.

Estranhara principalmente quando ela pedira para ele acompanhá-la no táxi. Teria de cobrar extra, pois perderia outras freguesas. E a mulher nem perguntara o preço. Já estava imaginando o tamanho do rolo. Sem falar que para ir até a casa dela ia gastar condução na volta. Dico só pensava na hora do pagamento. Como a mulher encararia o valor pedido.

E se ela cismasse de não pagar? Se quisesse pagar

menos? Sabia de casos assim. O carregado acompanhava a freguesa em casa ou no carro, ela dava uma nota mixa e batia a porta na cara. E, se chiasse, era capaz de chamar a polícia e inventar mil histórias.

A freguesa morava numa travessa, bem no início da avenida. Rua gostosa, cheia de árvores, casas bonitas com belos jardins e quintais grandes. E cada cachorrão que dava medo! A casa dela era assim mesmo, sem tirar nem pôr.

Quando o carro parou, ela desceu, chamou a empregada e mandou prender o cachorro. Dico carregou as sacolas para dentro da varanda, onde a empregada veio pegar. Não via a hora de receber seu dinheiro e sair daquela casa. Além das desconfianças, agora se preocupava também com o cão que latia feroz, de olho nas suas canelas finas.

O cão latia, ele piscava, paralisado de terror. Não mexia um músculo sequer para não enfurecer ainda mais a fera. Sua experiência com os animais não havia sido das mais felizes. Tinha ainda vivo o risco branco na barriga da perna, lembrança triste de um cachorrinho bem menor que aquele. E bem mais manso também.

Finalmente, a mulher pagou o taxista e entrou:

– Está com medo do Bobby? Ele só tem tamanho, é mansinho, mansinho.

– Dona, eu queria...

– Venha, entre – intimou ela, interrompendo

Conduziu-o até o lavabo e mostrou o sabonete:

– Pode lavar as mãos aqui. E use aquela toalhinha pra enxugar.

Dico sentiu vontade de responder que queria apenas o seu dinheiro, que dispensava a água e o sabonete. Demorou-se um pouco, observando a água escorrer. Por fim, decidiu-se. Lavou as mãos, enxugou-as na toalha, ajeitou o cabelo e saiu disposto a receber o pagamento.

– Venha aqui, menino...

Ele seguiu atrás dela até a copa, onde esperava receber o devido. A mesa estava arrumada numa das pontas. Coisa de gente fina aquilo. Bule de café, leite, pão, bolacha, manteiga, queijo, presunto, salame, bolos, geléias que nunca havia visto.

– Sente-se aqui – apontou a empregada, puxando a cadeira com cuidado.

– Não, obrigado. Já tomei café hoje.

– Mas você foi à feira, fez força... Precisa tomar um lanchinho.

– Não, obrigado, dona. Eu... Eu só queria receber... Mal terminou de falar, entrou a dona da casa:

– Que isso, menino? Primeiro, você toma o lanche. Depois falamos de dinheiro.

Aquela mulher era fogo. Quando falava, não tinha jeito de escapar. Igual no ônibus, quando fazia tanta pergunta e examinava tudo. Enquanto ela virava as costas, a empregada se aproximou e cochichou:

– Aproveita, bobo! Come de tudo que aqui tem muito! – falou e já foi servindo café com leite. Botou queijo e presunto no pratinho. E passou o pão fresquinho. – Se quiser geléia ou manteiga, é só pegar. Não faça cerimônia, não.

O pai sempre dizia que esse negócio de comer é só começar. Verdade. Comeu de tudo, até quando já não tinha vontade. E chegou a se arrepender de ter tomado café em casa e não conseguir engolir mais nada. E, mesmo assim, ainda demorou para a mulher reaparecer.

– Está satisfeito?

– Sim, senhora...

– Muito bem. Agora, então, vamos ver quanto eu lhe devo.

Pensara tanto em cobrar seu pagamento e, de repente, se intimidava diante da mulher. Depois de tudo que comera, estava achando que não lhe devia nada. Nunca havia comido tão bem na vida. Enfim, se a casa era assim tão sortida como dissera a empregada, não custaria nada ela lhe dar alguns trocados. A custo conseguiu falar:

– A senhora que sabe... Pode dar quanto quiser.

Ela não gostou nada da atitude dele.

– Eu não sei de coisa nenhuma. Quem fez o serviço foi você. E quem faz o serviço põe o preço.

Essa agora. A mulher era realmente esquisita. Mostrou-se até ofendida porque que ele não dizia o preço. E tinha cabimento cobrar tudo que havia pensado? O peso das duas sacolas, o acompanhamento até a casa, porque deixava de atender outras freguesas, sem falar que teria de tomar uma condução a mais para retomar o caminho de casa. Ele se decidia, ela falou:

– Escuta aqui, menino... Todo mundo trabalha porque precisa. Nada mais justo, portanto, que receba o devido.

Definitivamente, não entendia a mulher. Ele continuava cada vez mais mudo, ela continuou:

– Se eu trabalhasse de graça, quem sustentaria esta casa? Quem pagaria o salário da empregada?

– O seu marido – respondeu, sem levantar a cabeça. Ela, que se mostrava tão séria, riu:

– Marido? Eu não tenho marido, menino. Eu trabalho pra me sustentar.

Dico tentou imaginar em que tipo de coisa ela trabalharia. Lembrou-se de que ela se parecia com a professora de História. Talvez fosse professora. E por que não tinha marido? Seria viúva, separada, solteira? Ela era bonita. Se estava sozinha, não devia ser por falta de candidato.

Quando menos esperava, ela rompeu o silêncio:

– Quanto você costuma ganhar num sábado normal?

– No fim da feira?

– É... o total.

Pensou em aumentar um pouco, desistiu. Aquela mulher era bem capaz de adivinhar que mentia.

– Uns trinta... quarenta... Varia.

Ela abriu a bolsa, tirou uma nota de cinqüenta e pôs nas suas mãos. Ele quase recuou:

– Obrigado, dona... Mas não precisa tudo isso, não. Eu... Eu não tenho troco – consertou, imaginando que talvez ela quisesse volta.

A mulher sacudiu a cabeça e falou:

– Não quero troco, não. Esse dinheiro é seu.

– É muito, dona.

– A gente deve ter vergonha de roubar. Nunca por um serviço prestado. Entendeu?

O garoto fez que sim com o queixo. E ela despachou:

– Agora pode ir, que eu tenho muito o que fazer. E você também deve ter, não é mesmo?

Ela acompanhou-o até a saída. E, quando ele já se distanciava, chamou:

– Eu saio todo sábado às dez. Se quiser passar...

– Posso esperar a senhora?

– Pode. E, se passar um pouco antes, pode tomar café comigo. O que acha?

– Acho bom. Então... até sábado.

– Até sábado.

– Obrigado, dona.

Dico tocou no caminho de casa, que o dia estava ganho. Arranjara uma freguesa fixa. E que freguesa! Como aquela não era fácil de achar, não. Precisava contar pra Leninha.

FILHO ALUGADO

A tarde de sábado foi movimentada na favela. A polícia baixou, foi direto no barraco do Alemão. Revistaram tudo e acharam nada... Segundo diziam, iam dar uma prensa no garoto pra saber onde estava escondido o produto do roubo. Quatro garotos haviam assaltado a casa de seu Ferreira, o português da quitanda, levando os eletrodomésticos. E o Alemão fora reconhecido por uma vizinha do comerciante.

O pai do Alemão economizou conversa. Quando a policia interrogou, em vez de defender o filho, ele acusou. Que soubesse, o filho nunca havia roubado antes, mas não duvidava nada que tivesse começado, sendo ele muito vagabundo. Onde arranjava dinheiro para drogas e bebidas?

– Falta de ensinar não foi. Eu bati de mão, de cinta, de todo jeito, pra ver se ele tomava juízo, mas parece que não bati o suficiente. O diabo puxou a mãe, é a cara dela!

– Ele não é seu filho? – perguntou o policial.

– E daí? A gente acaso escolhe o filho que vai ter? – O soldado calou, ficou encarando, ele continuou: – Eu acho até bom que ele fique preso uns tempos. Quem sabe, assim ele aprende?

Um segundo policial desgostou das palavras, perguntou:

– O que o senhor faz, hein?

– Como assim? Não entendi.

– Estou perguntando qual é a sua profissão.

– Ah, eu tenho muitas. Servente de pedreiro, encanador, eletricista... Também conheço algumas coisas de funilaria...

O policial careteou. Em seguida, juntou:

– Seu filho não pode ficar preso, não. Ele é menor.

– Eu acho errado! Tinha de ficar em cana pra ver o que é bom pra tosse! Na vida que ele anda, é a conta de acabar matando ou morrendo.

– E a mãe dele? Não olha, não?

– Ela foi embora. Largou quando era pequeno.

– Largou ele ou o senhor?

– Largou os dois. Ela não prestava.

– Pelo jeito, na sua família, o senhor é o único que presta – considerou o policial, com uma ponta de ironia.

E mal o carro da polícia saiu, chegou outro. Desta vez, o rolo era com Iracema O que é, o que não é, Sofia ficou sabendo, foi contar em casa. Haviam levado a mulher pra acareação. O que seria acareação? Descobriram que ela alugava o filho para uma tal de Isaura esmolar na cidade.

Iracema afirmava que deixava o menino mais novinho com a mulher para pode trabalhar de faxineira. A tal da Isaura, porém, usava o menino pra pedir esmola. Esta dizia que Iracema lhe alugava o filho para ela esmolar e que haviam brigado porque a mãe estava querendo mais que o tratado.

No impasse, as duas haviam brigado em plena rua, na cidade. Na confusão, Iracema conseguira escapar, enquanto Isaura fora presa. Tudo poderia terminar aí, se a mendiga não complicasse o enredo, acusando a outra de seqüestrar-lhe o filho. Com tanto mentido e desmentido, a polícia viera buscar Iracema e a criança na favela, a fim de botar tudo em pratos limpos.

Dico sabia que o pai não gostava de escândalo nem história enrolada. Por isso, quando baixava polícia na favela, a ordem era de se recolherem todos, fechar portas e janelas. Ficaria muito chateado se soubesse que ele ou a mãe haviam escutado conversa fora de propósito e dado palpite, tomado partido.

– Quem trabalha não tem tempo pra cuidar da vida alheia! – repetia sempre.

Em atenção ao comando do pai, vencera a vontade de

correr pra ver o que a polícia queria na favela. Entretanto, tão logo a sirene do carro anunciou que se retirava, veio o Dequinha colocá-lo a par das últimas. E fora a partir das más notícias que o amigo saíra com aquela que mais interessava.

Conversa vai, conversa vem, ficou sabendo da intervenção de Sofia no caso último, testemunhando a favor de Iracema. Ela dissera o que todos sabiam, mas fingiam desconhecer:

– O menino é filho da Iracema. Todos aqui sabem.

No fundo admirava Sofia por aquilo: era mulher de opinião. Ela dizia o que tinha pra dizer na cara. Porém o que mais interessava ficou sabendo depois. Na preocupação de bem informar, Dequinha explicara:

– Ah, tem mais... O Edeval e a Sofia não vão mais voltar pra Bahia, não.

– Você tem certeza do que está dizendo, Dequinha?

– Claro que tenho. A grana encurtou, eles mudaram de idéia. Vai ficar pro outro ano.

– Esse outro ano não é depois do Natal?

– Não é, não. A viagem ficou pra depois do outro Natal. E também que diferença faz se ela vai ou se fica?

Dequinha estranhou tanto interesse. Primeiro, contara fatos emocionantes e o Dico nem se manifestara. De repente, tocava naquela bobagem, só porque não tinha mais o que contar, e o outro se empolgava todo. Cara mais esquisito!

O sábado havia sido um dia melhor, como prometera o pai. De manhã, fora a freguesa, que lhe pagara pelo período completo, além de levá-lo pra tomar lanche na casa dela. E agora recebia uma novidade daquela: Leninha ficava, não voltava mais pra Bahia.

– A maré está mudando – pensou em voz alta.

Dequinha ficou sem entender. Dico não explicou. Importava que sábado fora um bom dia, e o domingo podia até ser melhor. De manhã, tinha jogo no Canindé, e, à tarde, clássico no Morumbi. Duas excelentes oportunidades para faturar um dinheiro alto. Tinha razão o pai: o negócio é não perder as esperanças. Amanhã é sempre outro dia.

No Canindé, tinha treta nenhuma. O segredo era chegar cedo. Quem chega antes, toma posse da área e aí é só conversar com os motoristas para vigiar o carro e tirar algum para as despesas. No Morumbi, o sistema era diferente. Waltão e Afonsinho eram donos do pedaço, cada um na sua área. Fora eles, ninguém manda. Quem quiser trabalhar, tem de falar com um deles.

A diferença é que Afonsinho não marca a cara, dá o lugar pra quem chegar antes. Como Waltão é diferente, ele conhece a pivetada pelo nome, sabe onde cada um mora. Se não gostar da cara, não adianta implorar. Ele manda falar com Afonsinho. Também não adianta querer discutir porque o Waltão é um crioulo de quase dois metros que bota respeito.

No resto, igual, tanto faz um como outro. O trato é de meio a meio, metade pro pivete, metade pro dono do pedaço. No mais, a diferença é de estilo. Afonsinho reclama e desconta do pivete, se não tirar a taxa estipulada. Waltão pelo contrário, vai lá dar dura no motorista.

– O que é, muquirana? Tá precisando de algum emprestado?

Waltão é legal, já falou até de levar na Vai-Vai. Quem sabe, este ano dá? Dois anos seguidos, ensaiara na quadra, mas não tivera dinheiro para a fantasia. Quem sabe, o Waltão ajudava a completar? Ele ajuda muita gente.

De qualquer maneira, tudo começava a andar bem. O pai estava garantido até o fim de dezembro. A mãe tinha arranjado outra freguesa para lavar e passar. Não saía mais de casa com medo que lhe roubassem as roupas. E até ele estava com o dinheiro do sábado garantido. Só faltava mesmo a Leninha confirmar que ficava mais um ano.

– Se ela disser que não volta pra Bahia, meu coração estoura de alegria. Não precisa mais nada.

A PRIMAVERA DO AMOR

Seu Edeval, o pai da Leninha, era uma fera. Ele devia achar que a filha era a garota mais bonita da favela. E era. Tinha toda razão o pai dela. Isso, porém, não era motivo para dizer tudo o que dizia. Se lembrava muito bem do que o homem dissera, sem nenhuma preocupação com as palavras.

– A Leninha ainda é muito nova... Mas se eu souber que ela anda de tetetê com algum favelado, meto-lhe o couro.

O homem dissera aquilo na frente dele, do pai e da mãe. E da própria filha. Dico desentendia aquelas palavras ásperas. Afinal, ele também não vivia com a família na favela? Parece até que seu Edeval ouviu o pensamento de Dico, pois completou, em seguida:

– De favelado chega eu! E não fico aqui muito tempo, não, dona Geralda.

Sofia ouviu o marido e bateu com os nós dos dedos na madeira do caixote improvisado em banco.

– Deus ajude! Deus ajude!

A mulher falou e repetiu, como se assim Deus pudesse ouvir melhor. Em seguida, acrescentou:

– Eu nunca imaginei que um dia fosse parar na favela. Mas você tá preocupado à toa... A Leninha, nem sonha com namorado.

– Sorte dela – retrucou o marido.

Verdade que Sofia e o marido tratavam os vizinhos com algum respeito. Por certo, entendiam que eram pessoas diferentes que haviam caído ali por acidente. A vida dá muitas voltas. E numa dessas, pensava Dico, o pai arranjava um bom emprego e deixava a favela.

Por via das dúvidas, Dico sempre deixava para procurar Leninha no final da tarde, quando ela ficava sozinha com as outras duas Marias. Leninha era, na realidade, Maria Helena, e as irmãs, Maria Luiza e Maria Sílvia, de quem ela cuidava como mãe na ausência da verdadeira.

Chegou como chegava sempre, todo cheio de cautelas para não ser surpreendido pelo pai da garota. Pai carrasco! Quando ele falava da filha e do suposto namorado na favela, Dico sentia que as palavras tinham endereço certo. Mas devia ser só impressão. O pai dizia que quando a gente faz coisa errada fica se sentindo culpado. E gostar da Leninha era errado?

Encontrou-a sentada diante da casa de alvenaria. As

irmãs disputavam uma boneca de pano e uns brinquedos apanhados no lixão. A garota, como de costume, olhava perdida para algum ponto do espaço que ele jamais conseguira localizar.

– Oi, Leninha... Tá sozinha?

– Você sabe que estou sozinha. Não entendo por que todo dia pergunta a mesma coisa.

E ele não entendia por que todo dia ela lhe respondia tão mal, justo ele que não a tirava um só minuto do pensamento. E contava as horas, imaginando o momento de encontrá-la. Quem sabe, era o jeito dela. Quem sabe, não fizesse por mal.

– Ouvi dizer que vocês vão voltar pra Bahia – experimentou ele, sentando-se perto dela.

– Ouviu errado. A gente não vai sair daqui.

– Então é verdade...

– Verdade? Não, é mentira. Não tem viagem nenhuma.

– Ah, pois é, eu... eu... Era isso que eu queria dizer...

A moreninha de cabelos longos e dentes muito juntos virou-se finalmente em sua direção e prosseguiu:

– Dico, às vezes, eu acho que você não regula bem da cabeça... Que conversa mais esquisita!...

– Sei lá... É que às vezes eu misturo as coisas...

– Você mistura sempre! Você fala de estudar... que é importante...

– Você não acha? Sua mãe acha.

– Eu acho. O problema é que você fala de estudo e depois vem com história de ser jogador de futebol, mestre-sala de escola de samba...

Ele virou-se para o outro lado, desaprovando. Teve vontade de se levantar e ir embora, não foi. Voltou e contrariou:

– Antes você também falava de ser porta-bandeira...

– Antes eu era criança, agora tá na hora de pensar em outras coisas ... Além disso, carnaval não dura o ano inteiro.

Encabulado, o garoto arrancava umas pontas de capim e levava à boca. Ela olhou a cena e desaprovou. Ele parou imediatamente e retomou:

– Eu fiquei contente de saber que vocês não vão voltar pra Bahia.

– Ah, é? Pois eu fiquei muito contrariada!

– Por que, Leninha? Você não gosta da gente daqui, não?

– Gosto. Mas não é por isso que eu vou passar o resto da vida na favela. Lá, na Bahia, a gente tem um teto, algo que é nosso.

Aquilo doía no coração, mas tinha uma certa lógica.

– Você está certa. Favela não dá futuro pra ninguém. Vez em quando, minha mãe também fala de voltar pra Minas... Ela tem parte de herança num sítio...

– Seu Ado disse pro pai que tudo quanto é parente da sua mãe tá morando lá. Se quiser criar um frango tem de ser em cima da mangueira.

– Eu sei. É por isso que o pai faz questão que a gente estude. E depois dos catorze, vou estudar e trabalhar... Aí, a gente vai deixar a favela.

– Vai nada!

– Vai, sim!

Quando percebeu, já havia contrariado. E subira de tom, pois se sentira ofendido. Se ele dizia que deixava a favela é porque deixava. Por que a garota tinha de contrariar sempre? Ela explicou:

– Meu pai diz que quem entra na favela não sai mais. Se acostuma com esse vida...

– O meu pai pensa diferente. Ele acha que morador de favela também pode estudar, ser gente como qualquer outro. Não é porque mora em favela que tem de ser igual ao Alemão.

– Ora, Dico, quem é você pra falar do Alemão? – reagiu a garota, com certa agressividade.

– Quem sou eu? Ora, eu... eu... Eu pelo menos estudo...

– O Alemão é um garoto muito inteligente!

Dico perdeu o fôlego. Não podia acreditar no que ouvia.

– Gente inteligente não se mete com drogas. Muito menos com polícia.

A garota apontou-lhe o dedo, como se fosse uma arma. E acusou:

– É isso que eu não gosto em você! Quem você pensa que é, hein? Um anjo, um santo caído do céu, é?

– Eu pelo menos não roubo.

– Não mesmo? Nunca tirou nada de ninguém? Tem certeza?

O garoto baixou a cabeça, sentindo o rosto afoguear. É claro que já cometera pequenos furtos. Uma laranja na feira, um tomate, um doce, coisas de nada, embora para o pai fosse igual um tomate ou uma televisão.

– Eu já tirei umas moedas da bolsa de minha mãe. A única diferença é que como roubei minha própria mãe, ela não chamou a polícia – tornou a garota.

– Isso não é roubo – retrucou ele, suavizando.

– É, sim! Não tem diferença nenhuma.

Leninha falou e voltou a mirar aquele ponto indefinido no espaço. Então retomou, sem se voltar:

– Sabe qual é a diferença entre nós e o Alemão?

– Ele... Ele não tem juízo.

A garota riu muito. Passou a mão sobre os lábios molhados e enxugou no vestido de florzinhas onde dois peitinhos muitos jovenzinhos ameaçavam despontar.

– Ai, Dico, você parece a minha avó falando. Até parece que você é um garoto muito ajuizado.

Desconcertado, o garoto coçava a cabeça. Ele gostava tanto dela e ela o tratava daquela maneira. Aquilo não podia ficar assim.

– Pelo menos a polícia não vai bater lá em casa.

– Ainda bem. Seu pai tinha um treco, morria de vergonha.

– Morria mesmo.

– Dico, você já imaginou como seria sua vida, se, em vez de trabalhar para ajudar no sustento, a sua mãe tivesse fugido, abandonado vocês? E se o seu pai, em vez de mandar você estudar, lhe metesse a cinta todo dia?

Dico balançou a cabeça de um lado para outro, sem saber o que dizer. Por fim, disse:

– Acho que eu fugia de casa.

– Está vendo? Essa é a diferença entre você e o Alemão. Ele mal conheceu a mãe dele, e o pai só serve pra bater.

O garoto examinou a sola do pé, mas pensava naquilo que a garota dissera. Não tinha muita certeza de que a diferença fosse somente aquela entre ele e o Alemão. De qualquer maneira, a garota lhe mostrava uma realidade que estava ali na cara dele e ele jamais prestara atenção.

– Será que se a gente tivesse uma família igual à do Alemão, a gente... a gente...

– A gente seria pior que ele.

– Mas você disse que ele é inteligente. Se ele fosse tão inteligente...

– É inteligente e bonito! Mas isso não muda o jeito dele ser e de sentir. Entende?

Ele não entendia nada.

– Bonito? Você disse que o Alemão é bonito?

– Imagine o Alemão com aqueles cabelos louros, aqueles olhos verdes, vestido de terno, gravata, sapato brilhando, descendo de um carrão...

Aquela era demais. Não ia ficar ali ouvindo aquele amontoado de bobagens. Mais um pouco, Leninha ia dizer que o Alemão era santo e o bandido era ele. Quando percebeu, tinha falado. Não tinha como desdizer:

– Olha, Leninha, se isso acontecer um dia, chama a polícia porque o carro é roubado!

UM DESTINO TRISTE

– Preconceituoso! Presunçoso! Quem você pensa que é, hein?

Dico dormira mas não se livrara das palavras de Leninha. Em sonho ouviu tudo de novo. E o pior: não queria vê-lo nunca mais. Menos mal que, no dia a dia, o clima de festa servia para garantir uns cobres extras. Influenciadas talvez pelo espírito natalino, as pessoas enfiavam a mão no bolso e entregavam o pedido, sem muita discussão.

De tudo que ganhava, escorregava algum para as mãos da mãe, porque sabia que ela administrava bem. Do que lhe cabia, pediu para a mãe abrir uma caderneta de poupança, porque estava com medo de perder aquele dinheiro escondido nos vários cantos da casa. Andar com dinheiro no bolso era ainda pior. Podia ser assaltado na primeira esquina.

Voltara a sonhar com o carnaval e com a fantasia. Se continuasse naquela maré de sorte, conseguiria dinheiro para pagar fantasia e desfilar. Embora a Leninha achasse que aquilo era coisa de criança. Fazia tempo que não se sentia tão bem. O pai achava normal e aconselhava:

– Aproveita a maré e guarda a sobra, porque depois do Natal, todo mundo fecha a mão.

No Natal, houve peru, novamente. O pai ganhara de gratificação no supermercado. Diz que eles iam dar em dinheiro, mas como as vendas baixaram, resolveram oferecer o peru que sobrara. E a mãe ganhara uma garrafa de vinho fino da Sofia. Mas a alegria maior ficou por conta dos convidados.

O pai e a mãe conversaram de noite na cama e resolveram chamar a Sofia para comemorar junto. Ela e o marido aceitaram mais que depressa porque não tinham parentes na cidade. Vieram e trouxeram as três Marias. E também coisas para a festa. Frango assado com farofa, salada, frutas e garrafa de cidra. Um Natal como nunca se vira na favela.

A noite inteira, o garoto não se despregou da garota, oferecendo-lhe coisas para comer e contando novidades. Leninha tinha quase a mesma idade, um ano menos talvez, mas era bem bobinha. De maneira que Dico estava namorando mas ela achava que era só brincadeira, que estavam fazendo de conta. Só a deixou em paz, quando a garota sentou-se no banco e cochilou no colo da mãe.

Então, naqueles minutos que precederam a saída dos vizinhos, ouviu a Sofia agourar. A troco de não sei quê, algo que não ouvira, ela disse pra todos ouvirem:

– O que é bom dura pouco!

Por que ela tinha de dizer aquilo? Ainda mais numa noite de festa, de tanta alegria? Agora, no meio da rua, Dico ficava tentando consertar os pensamentos. Tinha razão a mãe? Ela sempre diz que não se deve agourar porque maus pensamentos atraem coisas ruins. Ou tinha razão a Sofia? Tudo que é bom de fato dura pouco? Dissera com tanta convicção que aconteceu.

Uma semana depois do ano novo, a polícia voltou à favela. Era pouco mais de onze horas e o sol estava muito quente. As poucas pessoas que se encontravam na favela especulavam tentando descobrir qual era o problema desta vez. Nenhum soldado abriu a boca. Começaram a desconfiar do desfecho quando a viatura estacionou junto ao barraco do Alemão.

Os soldados bateram palmas, o pai atendeu. A conversa em tom baixo durou nem um minuto. O pai subiu na viatura e o carro saiu, com a sirene ligada.

– Eu imaginei que vinham buscar o Alemão. Que será que o velho fez?

– Com certeza não fez nada, Iracema. O Alemão é que deve estar preso e o pai foi chamado porque o filho é menor.

Dico ouviu a conversa de Iracema com a outra mulher e se afastou porque a mãe saíra à porta do barraco. Talvez estivesse à sua procura. Quando ele passou pelos varais, a mãe interrogou, ao contrário do hábito:

– O que é que aconteceu? O Alemão aprontou mais alguma?

– Não sei, os soldados não disseram nada. Parece que está preso... A polícia levou o pai dele...

– Coitado dele! Dessa vez o pai mata ele de tanto bater.

A mãe entrou, foi cuidar dos afazeres. Dico sentou-se no degrau de porta, ficou mexendo a terra úmida com um chuço de madeira. No íntimo, sentia-se mal pelo Alemão. Achava difícil mas concordava que Leninha tinha razão. Como é que ele poderia aprender, se o pai em vez de lhe falar descia-lhe a cinta com violência.

– Você devia agradecer a Deus pelos pais que tem – dissera Leninha na defesa do Alemão.

Dico se recordava do tempo em que eram menores e andavam juntos. Recordava-se principalmente de ter visto muitas vezes as pernas do garoto marcadas pelo cinto do pai. Marcas, paralelas de cima em baixo. O Alemão saía da favela, mas ficava no campinho. Não ia à escola, com vergonha das marcas.

– Dico, venha comer, venha. – E, como ele não se movesse, a mãe insistiu: – Venha, Dico, venha comer com os seus irmãos. A comida vai esfriar.

Ao ouvir a voz da mãe, ocorreu-lhe que o Alemão não tinha sequer irmãos com quem dividir o infortúnio. Imagine como devia ser difícil viver na companhia de uma única pessoa. E essa pessoa, que poderia ser o seu amigo, é o seu carrasco. Dico sentiu um pouco de ânsia. Na cozinha, não conseguiu comer. Só agora começava a entender por que o Alemão preferia não ter pai.

No íntimo, Dico sabia que ele e o Alemão jamais seriam

amigos. Eram pessoas diferentes. Aliás, o outro não o via com bons olhos por causa da maneira como o pai o criava. Também o pai não permitiria que andasse com o Alemão, ainda que isso fosse possível. Sem conseguir comer, devolveu o prato à mesa. A mãe examinou o prato cheio e estranhou:

– O que é isso, menino? Defunto que enjeita cova não está bem morto! O que está acontecendo?

– Nada.

– Tá pensando na Leninha, é? Pensa que eu não reparei como você olha pra ela?

– Leninha, eu? Imagine se ia pensar nela!

Saiu para o quintal, porém não se afastou muito da porta da cozinha. Voltou ao lugar de antes e se botou de novo a escarafunchar o chão à procura de minhocas.

– Não vai sair, hoje? – estranhou a mãe, vendo-o tão quieto, no pé da porta.

– Acho que vai chover – falou sem convicção.

Não demorou mais que uma hora, o carro da polícia voltou, trazendo o pai do Alemão de volta. Do garoto, nem sinal. E, assim que ouviram a sirene, o povo da favela já começou a se amontoar junto à casa do suspeito. Dico sentiu o coração aos saltos e uma vontade irresistível de ir até lá, saber notícia. Porém, com a mãe por perto, era melhor nem pensar.

Ainda pensava naquilo quando ouviu:

– Dá uma chegada lá pra saber o que aconteceu. Mas não chegue muito perto nem precisa falar com polícia. Só precisa ouvir. Você entendeu?

– A senhora tá falando pra ir lá...

– É... Vai lá ver o que aconteceu com o menino.

Ele saiu em disparada. Ao chegar junto da casa, rodeou o grupo, colocando-se numa posição privilegiada. Então ouviu o homem falar a Sofia:

– Eu fiz o que pude, dona Sofia. Deus é testemunha de quanta surra esse moleque levou, mas não adiantou. Bem dizem: pau que nasce torto morre torto!

Pelas palavras do homem, o Alemão aprontara alguma falta grave e agora estava preso. Ou, como era menor, estaria internado na Febem. Só podia ser isso. O pai devia ter ido à instituição, assinar algum papel.

– É uma pena. Era um rapaz tão jovem... – comentou Sofia.

– O que se vai fazer? Quando a cabeça não pensa, o corpo padece.

À medida que outras pessoas vinham chegando, o círculo em torno do pai se fechava. Dico se vira quase pisado pelos adultos mas não arredara pé. Manteve-se junto do grupo, à espera de alguma informação substancial. Só conseguiu quando Sofia deixou o centro da cena, de olhos baixos.

– Dona Sofia, o Alemão foi pra Febem? – perguntou o garoto, preocupado.

A mulher olhou bem para ele, alisou sua cabeça e falou:

– Dico, o Alemão não foi pra Febem, não. Ele...

– Ele tá fugido?

– Não, Dico. O Alemão está morto.

– Morto? Morto como, dona Sofia? Por que... Por que fizeram isso com ele?

Sofia botou a mão no seu ombro e foi levando para fora da confusão. Então explicou:

– Ele foi executado, Dico. Acharam o corpo dele e de outros dois atirados na beira de uma estrada, no interior.

Dico sentiu os olhos molhados, passou as costas da mão. Lembrou-se do que dizia o Alemão: homem não chora. E o Alemão não chorava mesmo, o que deixava o pai ainda mais furioso enquanto lhe batia. O pai de Dico, pelo contrário, dizia que homem chora sim. Não tem nada de errado. Quando chora está mostrando suas emoções. Qual é o problema?

– A senhora... A senhora tem certeza que ele está morto? – tentou ainda uma vez.

– O pai dele foi no IML fazer o reconhecimento. Já fazia dois dias que ele estava morto.

A CHUVA

Diante dos olhos, um rio que se transformara em mar, inundava tudo, deixando apenas a parte superior dos barracos de fora. A custo, haviam conseguido levar as crianças e a televisão para o seco. O dono de um depósito próximo que conhecia o pai havia oferecido abrigo sob um galpão de toras.

As chuvas mais fortes deviam ter caído nas cabeceiras. As águas subiram de repente, em poucas horas. Por pouco, a mãe não perdia as roupas das freguesas. Em compensação, haviam deixado para trás quase todas as roupas das crianças, além da cama, mesa e o fogão

Dico sentia principalmente pelas suas economias perdidas. Bem que pedira à mãe para abrir uma caderneta de poupança, mas ela não tinha como largar a casa. Conseguira resgatar umas poucas cédulas escondidas nos pontos mais altos. O que estava no soalho a água carregara e com elas o sonho do carnaval e de uma fantasia.

Diante de tanta desolação, desanimava. E o pensamento desencontrava. Nascera no lugar errado. Iracema não dizia? Quem nasce pra lagartixa nunca chega a jacaré! Provavelmente passaria toda vida sonhando seu sonho de mestre-sala, como o pai que sonhava encontrar um bom emprego para sair da favela. Um sonho que jamais se realizaria.

Por onde andaria Sofia, agora? Onde andaria Leninha? Perguntara por eles a manhã inteira sem qualquer resposta de proveito. Ninguém sabia para onde tinham ido. Estranho, porque não possuíam parentes e, na certa, alguma coisa ficara no barraco. E para onde iriam, carregando os móveis na cabeça?

Não duvidava nada que aquela enchente fosse a gota d'água que levaria seu Edeval e dona Sofia e a Leninha de volta para a Bahia. Eles já andavam dispostos mesmo, custava nada decidir. E com razão porque não ter nem o barraco miserável onde dormir, já era demais.

Nessas horas, Dico discordava das palavras sensatas do pai. Como acreditar que um dia, sem mais nem menos, as coisas pudessem ser diferentes? "Quem nasce na favela, morre na favela!", dizia o pai do Dequinha. Sempre que ouvia o homem falar, tentava se lembrar de alguém que furara o cerco. Não havia ninguém. A dura realidade é que quem saía, saía para pior.

Dico imaginava a mãe, cozinhando para toda a família, no fogão de duas bocas. Pensava no pai que passaria a noite tossindo por causa da umidade. E nos irmãos menores, que sentiriam frio, que bateriam o queixo se chovesse. Ele também sentiria na pele as privações, mas não se incomodava. Pensava principalmente nos irmãos menores, que poderiam adoecer. E, morrer, como morrera Rosalina, tão pequenininha.

Quem sabe, Dequinha não andava assim tão errado. Por que uns tinham tanto e outros não tinham sequer um telhado sobre a cabeça? Nem onde dormir, nem o que comer. Lembrava da freguesa que lhe dava o lanche no sábado. Ela tinha de tudo e onde morava jamais haveria enchente.

Ela se dizia honesta, trabalhava para pagar suas responsabilidades. No entanto, o pai queria tanto trabalhar, tinha estudado e não conseguia quem lhe desse um emprego. Seu Edeval também trabalhava e não tinha fartura nenhuma. Alguma coisa não se ajustava. Havia alguma coisa nesse sistema que ele não conseguia entender.

– Oi, Dico...

Ouviu a voz às suas costas, se deu conta do próprio nome. E aquela vozinha, ele não confundiria com nada no mundo. Esqueceu a tristeza, as dúvidas, a desesperança, e a alegria brilhou no seu rosto. De repente, a vida se tornava mais bela. Bastava aquele som, aquela voz. Levantou-se e virando viu Leninha de vestido novo, bonita como jamais a vira antes.

– Oi, Leninha...

Correspondeu ao cumprimento e ficou olhando abismado, sem conseguir acrescentar nada. Em seguida, passou-lhe um pensamento pela cabeça. Importava nada se ela chegasse nunca a porta-estandarte, se ele chegasse nunca a mestre-sala. Mais importante que a fantasia era aquilo que sentia de real dentro do peito.

– O que é, Dico? O que você tem?

– Nada, nada. Por que você perguntou isso?

– Você tá com uma cara muito esquisita.

– É impressão sua, Leninha. Eu... eu...

– Vamos ver a enchente? – ela convidou, rindo.

O convite era estranho. Ele hesitou um instante:

– Ver a enchente?

– É... o que mais tem pra ver aqui?

– Está bem. Vamos. Leninha... Você quer..

– O que é, Dico? Fala de uma vez.

– Quer que eu dê a mão pra você?

– Quero.

Ela consentiu e estendeu-lhe a mão, com os dedos de esmalte descascados. O rosto fervendo e o coração tamborilando de emoção, Dico pegou a mãozinha quente da namorada e os dois se encaminharam para a beira da água suja. De repente, como por encanto, o mau-cheiro havia desaparecido. E, como num milagre, as águas barrentas do rio doente lembravam as águas cristalinas de praias virgens vistas somente nas fotografias coloridas das revistas.

De mãos dadas, Dico e Leninha corriam felizes e risonhos para ver a mais bela enchente de todos os tempos.

Esta obra foi composta pela Página Um Design Gráfico e Editorial
em Palatino e impressa pela Palas Athena em off-set
para DeLeitura Editora e Comércio Ltda.
em janeiro de 2002.
Tiragem da 3ª edição: 1000 exemplares.